탄탄한 배경 지식과 함께 문해력·사고력 쑥쑥!

교과서를 넘나드는
초등 어린이
신문
경제

시대에듀

머리말

《교과서를 넘나드는 초등 어린이 신문 경제》를 펼친 어린이 여러분!
이미 한국사와 환경을 테마로 한 '교과서를 넘나드는 초등 어린이 신문' 시리즈를 만나 본 친구도 있겠지요? 이번에는 우리 일상 속에서 자주 경험하지만 무심코 지나치기 쉬운 '경제'를 테마로, 교과서를 넘나드는 흥미진진한 여행을 떠나 보려고 해요.

"경제, 왜 알아야 할까요?"

경제 생활은 어른들만 하는 것이 아니에요. 초등학생도 용돈을 관리하고, 간식을 사 먹고, 게임 아이템을 구입하는 등 다양한 경제 활동을 하고 있답니다. 그러다 보면 "돈을 아껴 써야 해.", "물가가 너무 올랐어."와 같은 말을 종종 듣게 되지요. 그럴 때마다 '돈은 왜 이렇게 중요할까?', '물가란 뭐지?'라는 궁금증이 생긴 적이 있지 않나요? 이런 궁금증을 풀기 위해서는 경제 배경 지식을 차곡차곡 쌓는 것이 중요해요. 경제를 잘 이해하게 되면 책임감 있게 소비하고 현명하게 선택할 수 있는 힘이 자라나기 때문이에요.

이 책은 여러분의 궁금증을 풀어 줄 수 있도록 알아 두면 유익한 경제 개념을 재미있게 소개하고 있어요. 교과서에서 배우는 내용은 물론, 실생활과 연결되는 경제 상식, 친구들과 함께 나눌 수 있는 좋은 경제 습관, 어른들도 궁금해하는 최신 경제 이슈까지 담았답니다.

"경제 공부, 왠지 막막하고 어려워요."

걱정하지 마세요! 이 책에는 '왜 저축이 필요할까?', '대형 마트가 위기를 맞이한 이유는?'과 같은 질문처럼 일상 속 궁금증에서 출발한 25개의 경제 기사가 실려 있어요. 기사 내용을 실생활과 연결해 생각해 볼 수 있도록 구성한 퀴즈를 풀다 보면 '경제는 어렵다'라는 생각이 어느새 '재미있다!'로 바뀌어 있을 것이에요.

"경제 신문 기사 읽기로 문해력이 자랄까요?"

물론이지요! 문해력은 글을 읽고 핵심을 파악해 자신의 생각으로 정리하는 힘이에요. 경제 기사를 제대로 이해하려면 낯선 경제 어휘를 익혀야 하고, 내용도 제대로 파악해야 하지요. 그래서 이 책에서는 기사를 읽으며 핵심 단어를 직접 찾아보고, '어휘쑥쑥' 코너에서 어려운 단어의 뜻도 바로 확인할 수 있도록 구성했어요. 또, 퀴즈를 통해 배운 내용을 정리하고 생각을 표현하는 활동까지 하다 보면 문해력은 물론 사고력과 표현력도 쑥쑥 자랄 것이고요. 이렇게 문해력이 자라면 세상을 보는 눈도 함께 넓어지겠지요?

"《교과서를 넘나드는 초등 어린이 신문 경제》 이렇게 활용하세요!"

돈, 저축, 경제 습관, 미래 유망 산업 등 다양한 경제 주제를 다룬 기사를 읽고 나서 창업 아이템을 선택해 보거나, 나만의 용돈 계획을 세우며 경제 감각을 키워 보세요. 또, 단원마다 실려 있는 경제와 미술을 연계한 만들기 활동으로 머리뿐만 아니라 손과 몸으로도 경제를 학습해 보세요. 이렇게 책 속의 활동을 따라가다 보면 경제 개념이 머릿속에 쑥쑥 들어올 것이랍니다!

우리가 살아가는 세상은 '경제'와 떼려야 뗄 수 없는 관계예요. 돈과 물건, 일과 사람 사이의 이야기를 찬찬히 살펴보면서, 현명한 선택을 할 수 있는 어린이 경제 시민으로 한 걸음 더 성장해 보는 것은 어떨까요? 《교과서를 넘나드는 초등 어린이 신문 경제》와 함께 경제 감각을 장착하고 경제의 세계를 자유롭게 넘나들어 보아요!

저자 **장원호, 김혜린**

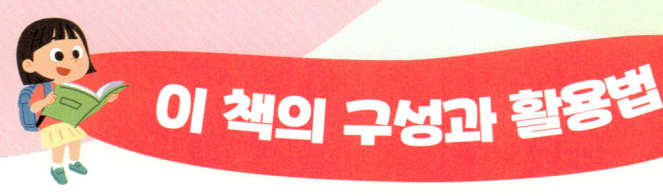

이 책의 구성과 활용법

 **STEP 1 기사 읽기**

keyword 찾아보기
술술 읽히도록 쉽게 쓴 신문 기사의 중요한 단어들을 직접 찾아보며 기사를 읽고, 내용을 파악해 보세요.

더 알아보기
기사를 통해 흥미로운 경제 이야기를 접한 뒤, 기사와 관련된 배경 지식과 실생활에 필요한 경제 개념에 대해 더 알아가 보세요.

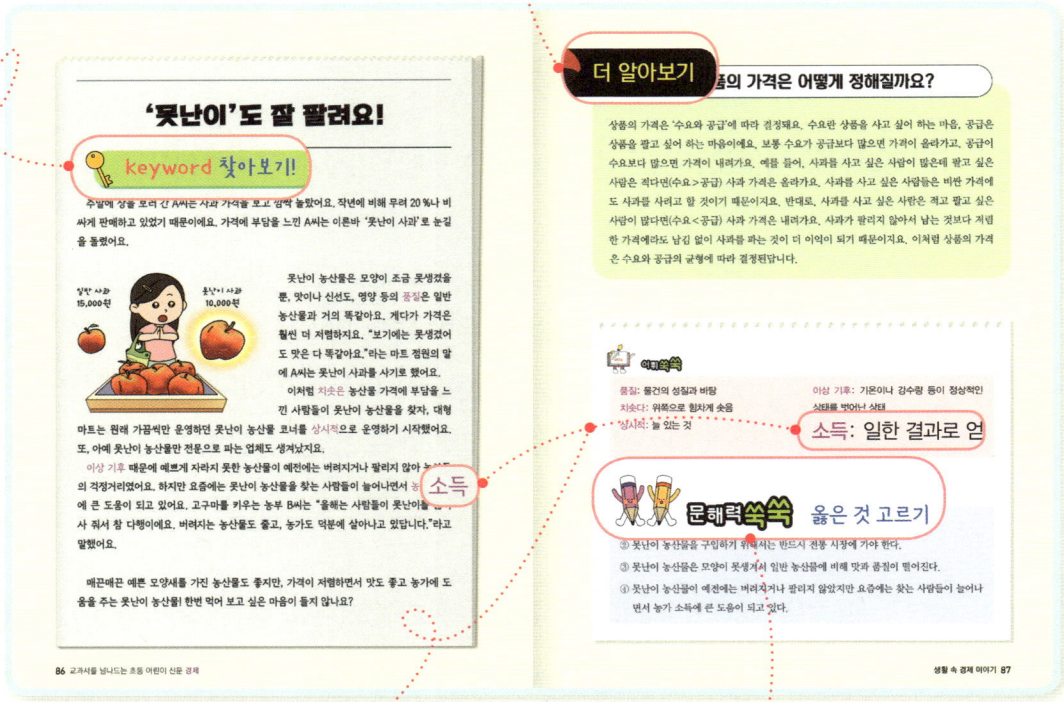

어휘쑥쑥
'기사'와 '더 알아보기'에 나오는 어휘의 뜻을 정확하게 확인해 보세요. 그리고 어려운 어휘가 있다면 새로 익혀 보세요.

문해력쑥쑥
4개의 선택지 속 옳은 것 또는 옳지 않은 것을 고르는 퀴즈를 풀며 기사의 내용을 제대로 이해했는지 확인해 보세요.

STEP 2 퀴즈 풀기

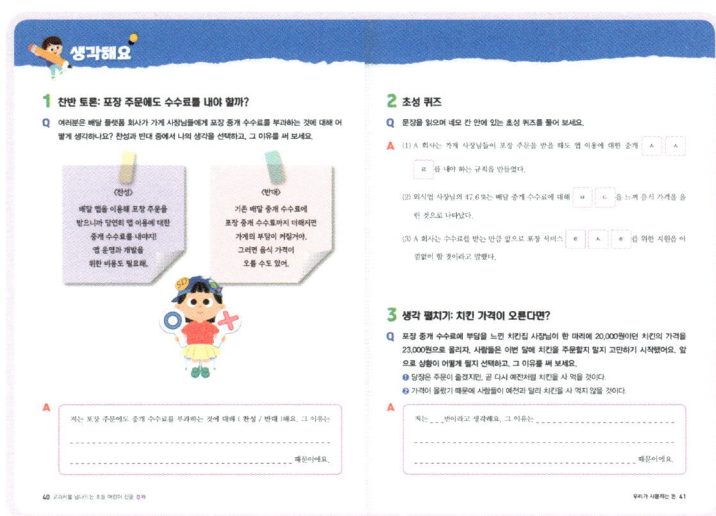

생각해요
'기사', '더 알아보기', '어휘 쑥쑥'을 활용한 다양한 퀴즈들이 수록되어 있어요. 광고 만들기 퀴즈, 찬반 토론 퀴즈 등으로 경제를 재미있게 학습하고, 6가지 유형의 문해력 퀴즈와 나의 생각을 적어 보는 사고력 퀴즈까지 풀어 보세요.

STEP 3 활동하며 복습하기

소개해요
각 PART에서 다룬 경제 개념을 미술과 연계해 활동할 수 있는 만들기 도안을 수록했어요. 저자 선생님께서 직접 촬영하신 만들기 영상을 함께 보며, 나만의 경제 작품을 완성해 보세요.

차례

PART 1 돈이란 무엇일까?

01 변신의 달인 '돈' — 14

02 시소처럼 움직이는 환율 — 18

03 은행은 어떻게 돈을 벌까? — 22

04 현금이 사라진다! '현금 없는 사회' — 26

05 한 판에 5,000억 원인 피자? — 30

PART 2 우리가 사용하는 돈

01 포장 주문에도 수수료라니? — 38

02 초등학생은 세금을 낸다 VS 안 낸다 — 42

03 위기의 대형 마트, 다시 부활할 수 있을까? — 46

04 1+1 상품의 비밀 — 50

05 카드를 쓸 때도 믿음이 중요해 — 54

PART 3 똑똑한 경제 습관

01 초등학생 경제 교육, 여든까지 간다 — 62

02 "세뱃돈은 부모님한테?" 이제 NO! — 66

03 티끌 모아 운동화 — 70

04 용돈을 똑똑하게 쓰는 법! — 74

05 나, 너, 우리에게 도움을 주는 '기부' — 78

PART 4 생활 속 경제 이야기

01 '못난이'도 잘 팔려요! 86

02 K-푸드, 전 세계에서 주목받다! 90

03 디저트 가게 열풍의 끝은? 94

04 시장에 가면~ 98

05 롤러코스터와 같은 집값의 비밀 102

PART 5 미래 사회와 경제

01 AI와 로봇, 인간의 동료가 될까? 110

02 게임, 역대급 미래 유망 산업 114

03 현실이 되는 꿈의 자동차 118

04 서로 다른 우리가 함께 살아가는 대한민국 122

05 기업에 부는 녹색 바람, ESG 경영 126

정답 134

만들기 도안 143

교과 연계된 경제 신문 기사

1 돈이란 무엇일까?

기사 제목
- 01 변신의 달인 '돈'
- 02 시소처럼 움직이는 환율
- 03 은행은 어떻게 돈을 벌까?
- 04 현금이 사라진다! '현금 없는 사회'
- 05 한 판에 5,000억 원인 피자?

교과 연계
- 사회 3-2 사회 변화와 다양한 문화
- 사회 5~6학년 시장경제와 국가 간 거래

2 우리가 사용하는 돈

기사 제목
- 01 포장 주문에도 수수료라니?
- 02 초등학생은 세금을 낸다 VS 안 낸다
- 03 위기의 대형 마트, 다시 부활할 수 있을까?
- 04 1+1 상품의 비밀
- 05 카드를 쓸 때도 믿음이 중요해

교과 연계
- 사회 3-2 사회 변화와 다양한 문화
- 사회 4-1 경제활동과 지역 간 교류

3 똑똑한 경제 습관

기사 제목
- 01 초등학생 경제 교육, 여든까지 간다
- 02 "세뱃돈은 부모님한테?" 이제 NO!
- 03 티끌 모아 운동화
- 04 용돈을 똑똑하게 쓰는 법!
- 05 나, 너, 우리에게 도움을 주는 '기부'

교과 연계
- 사회 4-1 경제활동과 지역 간 교류
- 실과 5~6학년 생활환경과 지속가능한 선택

4 생활 속 경제 이야기

기사 제목
- 01 '못난이'도 잘 팔려요!
- 02 K-푸드, 전 세계에서 주목받다!
- 03 디저트 가게 열풍의 끝은?
- 04 시장에 가면~
- 05 롤러코스터와 같은 집값의 비밀

교과 연계
- 사회 3-1 우리가 사는 곳
- 사회 4-1 경제활동과 지역 간 교류
- 사회 5~6학년 시장경제와 국가 간 거래

5 미래 사회와 경제

기사 제목
- 01 AI와 로봇, 인간의 동료가 될까?
- 02 게임, 역대급 미래 유망 산업
- 03 현실이 되는 꿈의 자동차
- 04 서로 다른 우리가 함께 살아가는 대한민국
- 05 기업에 부는 녹색 바람, ESG 경영

교과 연계
- 사회 3-2 사회 변화와 다양한 문화
- 사회 3-2 옛날과 오늘날의 생활 모습
- 사회 5~6학년 시장경제와 국가 간 거래
- 실과 5~6학년 디지털 사회와 인공지능
- 실과 5~6학년 지속가능한 기술과 융합

★ 2022 새 교육과정을 반영했습니다.
  2025년을 기준으로 2022 새 교육과정에 따라 교과서가 출간된 초등 3~4학년은 교과서의 목차를, 2026년에 교과서 적용 예정인 초등 5~6학년은 새 교육과정의 성취기준을 반영해 주제를 선정했습니다. 초등 사회, 실과 과목과 실생활에 연계된 25개의 경제 기사를 만나 보세요!

PART 1

돈이란 무엇일까?

01 변신의 달인 '돈'

02 시소처럼 움직이는 환율

03 은행은 어떻게 돈을 벌까?

04 현금이 사라진다! '현금 없는 사회'

05 한 판에 5,000억 원인 피자?

변신의 달인 '돈'

> **keyword 찾아보기!** 거래, 결제 수단, 물물교환, 물품 화폐, 금속 화폐

우리는 동전, 지폐, 카드, 모바일 결제 등 다양한 방법으로 거래를 하고 있어요. 그렇다면 지금처럼 여러 종류의 결제 수단이 없었던 옛날에는 어떻게 물건을 사고팔았을까요?

돈의 모습은 세상의 변화에 맞춰 진화해 왔어요. 아주 먼 옛날 돈이 없던 시대에는 돈 대신 물건을 서로 바꾸는 '물물교환'을 했어요. 예를 들어, 도토리를 얻고 싶다면 도토리를 가진 사람을 직접 찾아 그 사람이 필요로 하는 물건과 바꿔야 했지요. 하지만 이런 방법은 너무 번거롭고 불편했어요. 나에게 필요한 물건을 가진 사람을 찾는 것이 어렵고, 물건을 서로 바꾸는 일도 쉽지 않았거든요.

그래서 사람들은 조개 껍데기 또는 쌀과 소금처럼 생활에 꼭 필요한 물건을 화폐로 정해 사용하기 시작했어요. 하지만 이런 물품 화폐는 쉽게 상하거나, 정확한 가격을 정하기 어려웠어요.

이를 해결하기 위해 사람들은 철, 금, 은과 같은 금속 덩어리의 무게를 저울로 측정하며 가격을 정했어요. 이후에는 금속을 녹여 일정한 모양과 무게를 가진 동그란 모양의 금속 화폐를 만들었지요. 그런데 사용해야 하는 금속 화폐의 양이 많아져 무거워지자, 금속보다 훨씬 가벼운 종이로 만든 종이 화폐(지폐)가 등장했어요.

시간이 지나 카드 사용이 늘고, 디지털 기술이 발전하면서 모바일 결제도 가능해졌어요. 최근에는 암호화폐와 같은 새로운 형태의 돈도 등장하고 있답니다. 더 먼 미래의 돈은 또 어떤 모습으로 변화할까요?

물물교환 → 금속 화폐 → 종이 화폐 → 모바일 결제

▲ 거래 방식(수단)의 변화

더 알아보기

화폐의 3가지 역할

오늘날 우리가 사용하는 화폐는 3가지 중요한 역할을 하고 있어요. **첫째, 화폐는 물건을 사고팔 때 사용하는 도구예요.** 화폐가 없어서 물물교환을 했던 옛날에는 원하는 물건을 가진 사람을 직접 찾아다녀야 해서 아주 불편했어요. 또, 물건마다 값을 정하기도 어려웠지요. 하지만 화폐 덕분에 우리는 쉽게 물건을 사고팔 수 있게 되었어요. **둘째, 화폐는 물건의 가치를 나타내는 기준이에요.** 만약 책을 살 때 어떤 사람은 사과로, 어떤 사람은 쌀로 값을 낸다면 계산이 복잡하겠지요? 화폐 덕분에 물건의 가격을 정확하게 정할 수 있고, 계산도 훨씬 쉬워졌어요. **셋째, 화폐는 가치를 저장하는 역할을 해요.** 예를 들어, 오늘 가진 1만 원은 내일이나 다음 달에도 여전히 같은 1만 원의 가치로 쓸 수 있어요. 이렇게 화폐는 우리가 가진 가치를 안전하게 보관해 주는 역할도 한답니다.

어휘쑥쑥

거래: 주고 받음. 또는 사고팔

진화: 시간이 지나면서 점점 발전하고 변화함

화폐: 사람들이 물건을 사고팔 때 사용하는 돈

측정: 길이나 무게를 재어서 정함

모바일 결제: 스마트폰과 같은 모바일 기기를 이용해 돈을 내는 방법

암호화폐: 실물이 없는 디지털 화폐로, 컴퓨터 기술을 이용해 만들어지고 거래됨

가치: 어떤 것이 가진 중요성이나 소중함

문해력쑥쑥 옳은 것 고르기

① 종이 화폐가 생기면서 다시 물건을 바꿔 쓰는 물물교환이 많아졌다.

② 디지털 기술이 발전하면서 지폐를 써야만 결제할 수 있게 되었다.

③ 화폐 덕분에 물건의 가격을 정확하게 정할 수 있게 되었다.

④ 금속 화폐가 너무 가벼워서 사람들은 쓰기 불편해했다.

생각해요

1 **동전과 지폐, 카드가 사라진다면?**

Q 동전과 지폐, 카드를 사용할 수 없게 된다면 일상의 모습은 어떻게 달라질까요? 미래에는 무엇이 화폐의 역할을 대신할 수 있을지 상상하며 그림 일기를 써 보세요.

A

2050년   3월   2일   날씨

제목:

2 가로 세로 퀴즈

Q 가로 세로 퀴즈를 풀고 빈칸을 채워 보세요.

A

		3		
		1		
	4			
	2			

가로 퀴즈
1 돈으로 사고파는 것이 아닌 물건과 물건을 서로 바꾸는 일
2 금, 은과 같은 금속으로 만든 화폐

세로 퀴즈
3 고마움 또는 축하하는 마음으로 주는 물건
4 쌀과 ☐☐처럼 생활에 꼭 필요한 물품 화폐

3 생각 펼치기: 화폐 밸런스 게임

Q 여러분은 어떤 방식으로 돈을 사용하는 것이 더 편리하고 안전하다고 생각하나요?
① 동전, 지폐와 같은 현금을 사용
② 디지털을 이용한 모바일 결제, 암호화폐를 사용

A
저는 ___번의 _____하는 방식이 더 편리하고 안전하다고 생각해요. 그 이유는 _____ _____때문이에요.

돈이란 무엇일까? 17

시소처럼 움직이는 환율

🔑 **keyword 찾아보기!** 달러, 가치, 환율, 원화, 수출, 수입

뉴스에서 '달러($) 가치 급등' 또는 '엔화(¥) 가치 급락'이라는 말을 들어 본 적이 있나요? 이와 같은 보도는 환율과 관련된 것인데, 환율이 무엇이길래 뉴스에서 중요하게 다루는 것일까요?

환율이란 자기 나라 돈과 다른 나라 돈을 교환할 때의 비율이에요. 예를 들어, 원/달러 환율이 1,400원이라는 말은 미국 1달러를 원화로 교환하려면 1,400원이 필요하다는 뜻이에요. 환율은 우리나라와 다른 나라가 수출과 수입을 할 때 큰 영향을 줘요.

만약 예전에는 원/달러 환율이 1,000원이었는데, 지금은 1,400원으로 올랐다고 가정해 볼까요? 100달러짜리 미국 농구 선수 유니폼을 예전에는 10만 원에 살 수 있었겠지만, 지금은 14만 원이나 내고 사야 하는 것이지요. 이처럼 환율이 오르면 같은 물건도 더 비싸게 사와야 하니 수입량이 줄어든답니다.

그렇다면 환율은 왜 오르기도 하고, 떨어지기도 하는 것일까요? 예를 들어, 여러분이 사고 싶은 운동화가 있는데 인기는 많고 수량이 적다면, 사람들끼리 너도 나도 사려고 경쟁하면서 가격이 올라가겠지요? 환율도 마찬가지예요. 외화를 사려는 사람이 많아지면 그 돈의 가치가 상승하면서 환율이 올라요. 그러면 우리는 환율이 오른 만큼 원화를 더 내야 해요. 즉, 환율이 오르면 원화의 가치는 하락하는 것이지요. 반대로 환율이 떨어지면 외화의 가치는 하락하고 원화의 가치는 상승하는 것이랍니다.

마치 시소처럼 오르락내리락하는 환율은 수출과 수입은 물론, 기업과 개인의 생활에도 큰 영향을 주기 때문에 너무 들쭉날쭉하지 않고 안정적으로 유지되는 것이 좋답니다.

더 알아보기

우리 생활 속 중요한 환율

요즘은 다른 나라의 물건도 온라인으로 주문해 집 앞으로 편하게 배송 받을 수 있지요? 이렇게 해외 온라인 쇼핑몰을 통해 직접 물건을 구입하는 것을 '직구'라고 한답니다. 직구를 할 때는 환율이 중요한 역할을 해요. 같은 물건이라도 환율에 따라 우리가 내야 하는 돈이 달라지기 때문이에요. 환율은 해외 여행을 갈 때도 큰 영향을 미쳐요. 여행가는 나라의 환율이 가장 낮을 때 미리 **환전**을 해 둔다면, 더 적은 비용으로 여행지에서 음식을 먹고, 물건을 구매할 수 있어요. 미국의 달러로 표현한 아래의 환율 공식을 기억하고 여행할 때 꼭 활용해 보세요!

환율 ↑ ⇒ 달러 ↑, 원화 ↓ (환율 상승 ⇒ 달러 가치 상승, 원화 가치 하락)

환율 ↓ ⇒ 달러 ↓, 원화 ↑ (환율 하락 ⇒ 달러 가치 하락, 원화 가치 상승)

급등: 물건의 가격이 갑자기 올라감
급락: 물건의 가격이 갑자기 내려감
보도: 뉴스나 신문을 통해 새로운 소식을 알림
수출: 우리나라에서 만든 상품이나 기술을 다른 나라로 팔아 내보냄

수입: 다른 나라로부터 상품이나 기술을 우리나라로 사들임
외화: 외국의 돈
환전: 한 나라의 돈을 다른 나라의 돈으로 바꿈

 옳지 <u>않은</u> 것 고르기

① 환율이란 자기 나라 돈과 다른 나라 돈을 교환할 때의 비율이다.

② 환율은 수출과 수입에 영향을 준다.

③ 환율이 떨어지면 원화의 가치도 함께 하락한다.

④ 우리나라의 돈을 다른 나라의 돈으로 환전을 할 때 환율이 필요하다.

1 환율이 오르락내리락, 누구한테 좋을까?

Q 질문을 읽고 알맞은 답을 선택하고, 그 이유를 써 보세요.

A (1) 환율이 떨어지면 이득인 사람은?

외국 돈을 가지고 있는 사람 □   　　　원화를 가지고 있는 사람 □

_____을/를 가지고 있는 사람이에요. 그 이유는 _____

_____ 때문이에요.

(2) 환율이 오르면 손해를 보는 회사는?

수입 회사 A　　　　　　　　　　　수출 회사 B
(외국 물건을 우리나라 돈으로 구매)　　(우리나라 물건을 외국 돈을 받고 판매)
□　　　　　　　　　　　　　　　□

_____예요. 그 이유는 _____

_____ 때문이에요.

2 내가 만드는 핵심 문장

Q 〈보기〉에 있는 단어를 모두 사용해서 문장을 만들어 보세요.

A
> **보기** 환율, 시소, 원화, 달러, 상승, 하락

3 생각 펼치기: 환율과 해외 여행

Q 내가 여행가고 싶은 나라를 정한 후, 그 나라의 환율이 얼마인지 찾아 써 보세요.

A
> **힌트**
> - '여행가고 싶은 나라의 이름' + '환율'을 함께 인터넷에 검색하기
> - 다른 나라 돈의 가치와 우리나라 돈의 가치를 비교해 보기
>
> 저는 _____으로/로 여행가고 싶어요. 환율을 검색했을 때 이 나라의
>
> 화폐 단위는 _____이에요/예요. 이 나라의 1_____은/는 우리나라 돈
>
> _____원과 교환할 수 있어요.

은행은 어떻게 돈을 벌까?

🔑 **keyword 찾아보기!** 은행, 이자, 예금, 대출, 금리, 예대 마진

은행에 돈을 맡기면 원래 맡긴 금액보다 더 많은 돈을 돌려받을 수 있다는 사실, 알고 있나요? 그 이유는 바로 은행이 '이자'를 주기 때문이에요. 돼지 저금통에 넣어둘 때는 돈이 그대로인데, 은행은 어떻게 이자를 더 얹어 줄 수 있는 것일까요?

은행은 돈이 남는 사람과 돈이 필요한 사람을 연결하는 곳이에요. 우리가 은행에 돈을 맡기면(예금), 은행은 그 돈을 모아서 새로운 사업을 시작하려는 사람이나 돈이 필요한 사람에게 빌려줘요(대출). 그리고 그 과정에서 은행은 이익을 남긴답니다.

은행이 남기는 이익은 '금리'와 관련이 있어요. 금리란 돈을 맡기거나 빌릴 때 따라붙는 이자 또는 그 이자의 비율을 말해요. 은행은 금리에 따라 돈을 빌려 간 사람에게는 이자를 받고, 돈을 맡긴 사람에게는 이자를 줘요. 보통은 대출 금리가 예금 금리보다 더 높답니다.

예를 들어, 은행의 대출 금리가 연 3 %, 예금 금리가 연 2 %라고 가정해 볼까요? 이 경우에 은행에서 10만 원을 빌린 사람은 돈을 갚을 때 빌린 돈과 함께 3천 원의 이자를 더 내야 해요. 반대로 은행에 10만 원을 맡긴 사람은 돈을 찾을 때 맡긴 돈과 함께 2천 원의 이자를 더 받아요. 은행은 이 가운데에서 1천 원의 이익을 챙기게 되는 것이지요. 이렇게 은행이 대출 금리와 예금 금리 사이에서 얻는 이익을 '예대 마진'이라고 해요.

이제 은행이 어떤 원리로 돈을 벌고 어떻게 우리에게 이자를 줄 수 있는지 알겠지요? 은행을 이용할 때 금리를 잘 살펴보면 더 똑똑한 경제 생활을 할 수 있어요!

예금과 적금

은행에 돈을 맡기는 방법은 예금과 적금 2가지로 나눌 수 있어요. 예금은 큰 돈을 한 번에 은행에 맡겨 놓고 일정 기간이 지나면 돌려받는 방법이에요. 예를 들어, 100만 원을 한 번에 **저축**하고 정해진 기간인 1년 뒤에 찾는 것이지요. **목돈**을 안전하게 보관하고 싶다면 예금을 활용하는 것이 좋아요. 적금은 매달 일정 금액을 꾸준히 저축하는 방법이에요. 예를 들어, 매달 1만 원씩 12개월(1년) 동안 저축하면, **만기**가 된 후 모아둔 돈을 한 번에 돌려받는 것이지요. 용돈을 모으거나 저축 습관을 기르기 위해서는 적금을 활용하는 것이 좋아요. 예금과 적금은 모두 맡긴 돈을 되찾을 때 이자를 추가로 받는다는 공통점이 있답니다!

이자: 돈을 맡기거나 빌릴 때 추가로 붙는 돈
예금: 은행에 돈을 맡기는 일 또는 맡긴 돈
사업: 제품을 생산하거나 이익을 얻기 위해 회사를 운영하는 것
대출: 돈이나 물건을 빌려주거나 빌리는 일
원리: 어떤 일이 일어나는 이유나 방법을 알려 주는 규칙
저축: 절약해서 모아 둠
목돈: 액수가 많은 돈
만기: 미리 정한 기한이 다 참

 옳지 않은 것 고르기

① 은행은 돈이 남는 사람과 돈이 필요한 사람을 연결하는 곳이다.
② 은행에 돈을 맡기면 원래 맡긴 금액보다 더 많은 돈을 돌려받을 수 있다.
③ 은행이 대출 금리와 예금 금리 사이에서 얻는 이익을 예대 마진이라고 한다.
④ 예금을 한 사람은 은행에 이자를 내고, 대출을 받은 사람은 은행으로부터 이자를 받는다.

1 은행의 어떤 상품을 이용할까?

Q 은행을 현명하게 이용하기 위해서는 나에게 필요한 은행 상품이 무엇인지 알아야 해요. 아래 두 사람의 경제 상황에 맞는 은행 상품을 초성으로 확인하고, 답을 써 보세요.

A (1) 돈을 맡기는 상품: _ _ _ _

(2) 돈을 빌리는 상품: _ _ _ _

2 사다리 타기 퀴즈

Q 사다리를 타고 내려 간 곳에 알맞은 답을 써 보세요.

A

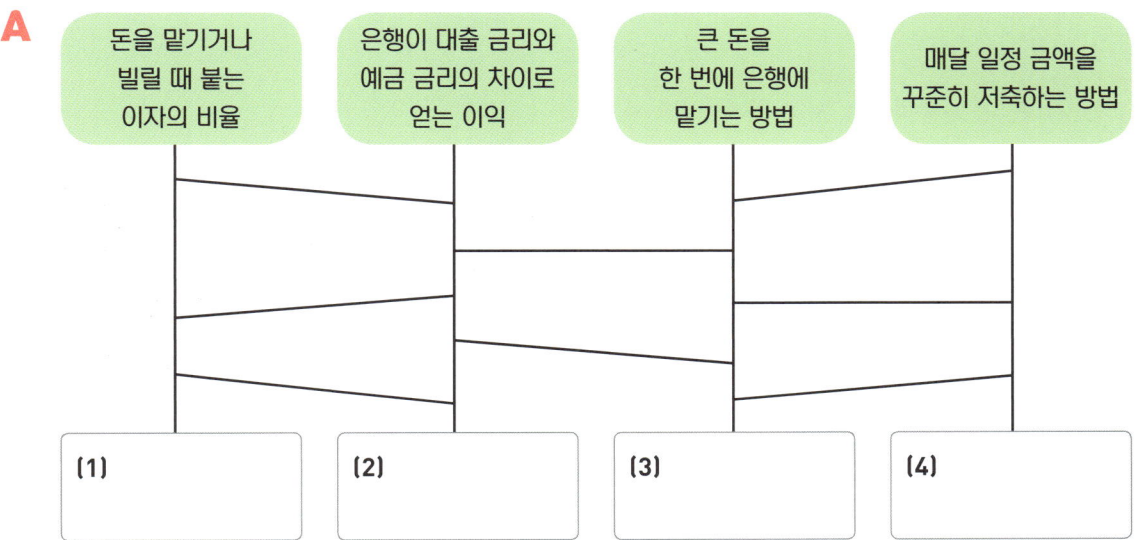

3 생각 펼치기: 대출 이자만 높아진다면?

Q 만약 A 은행이 돈을 더 많이 벌기 위해서 예금 이자는 그대로 두고, 대출 이자만 마음대로 높인다면 은행 고객들의 기분이 어떨까요?

A
은행이 법을 따르지 않고 마음대로 대출 이자를 높인다면 고객들은 (기쁠 / 화가 날) 것이에요. 그 이유는 이자가 너무 높으면 돈을 빌릴 때 부담을 (많이 / 적게) 느끼기 때문이에요. 결국 고객들은 A 은행을 (칭찬 / 비판)하며 이자가 낮은 다른 은행으로 옮겨 갈 것이에요.

현금이 사라진다! '현금 없는 사회'

 keyword 찾아보기!   현금, 카드, 모바일 결제, 현금 없는 사회

"손님, 죄송하지만 저희 가게는 현금을 받지 않아요."

요즘 지폐, 동전과 같은 현금을 받지 않는 가게가 점점 늘어나고 있어요. 일부 아이스크림 매장이나 카페에서는 카드나 모바일 결제만 가능하고, 어느 지역의 시내버스에서는 현금을 사용할 수 없어요.

이처럼 전 세계가 현금 없는 사회, 즉 '캐시리스(Cashless) 사회'로 빠르게 변화하고 있어요. 한국은행이 발표한 '현금 사용 행태 조사'에 따르면, 한 가정이 한 달 동안 쓰는 돈 중 현금의 비율은 2015년 38.8 %에서 2021년 21.6 %로 크게 줄었어요. 현금 대신 카드와 모바일 결제를 이용하는 사람이 늘어났기 때문이에요.

현금을 사용하지 않으면 어떤 점이 좋을까요? 카드나 모바일 결제를 하면 잔돈을 받을 필요가 없어 편리하다는 장점이 있어요. 또, 돈을 잃어버릴 위험도 줄어들고 현금을 노린 도둑이나 위조 지폐 범죄도 사라질 가능성이 커요.

하지만 현금 없는 사회가 모든 사람에게 편리한 것은 아니에요. 현금을 주로 사용했던 사람이나 디지털 기기를 다루는 데 익숙하지 못한 사람은 경제 활동에 어려움을 겪을 수 있어요. 예를 들어, 버스에서 현금 사용을 거절당해 이용에 불편을 느끼거나, 매장에서 주문할 때 키오스크와 같은 기계가 낯선 사람은 주문을 망설이게 될 수도 있지요.

이처럼 사회에 변화가 생길 때는 어느 누구도 소외되지 않고, 모두가 불편 없이 이용할 수 있도록 배려하는 것이 중요해요. 여러분은 '현금 없는 사회'에 대해 어떻게 생각하나요?

더 알아보기
완벽하지 않은 '현금 없는 사회'

요즘은 카드나 스마트폰을 사용해서 더욱 빠르고 편리하게 계산할 수 있어요. 하지만 현금 없는 사회가 완벽한 것만은 아니에요. 예를 들어, 편의점에 물건을 사러 갔는데 스마트폰 배터리가 **소진**되거나 갑자기 인터넷이 끊겨 모바일 결제 기기가 작동하지 않는다면 결제를 할 수 없겠지요. 또, 전쟁이나 큰 재해로 정전이 발생한다면 **비상식량**을 사려고 해도 전자기기를 사용할 수 없어 물건을 살 수 없을지도 몰라요. 그리고 스마트폰이나 은행, 카드 회사가 **해킹**을 당하면 개인정보가 유출될 위험도 있어요. 이처럼 세상은 현금 없는 사회로 빠르게 바뀌고 있지만, 여전히 현금은 중요한 역할을 하고 있어요. 그래서 모바일 결제와 현금이 함께 조화를 이루며 공존할 수 있는 방법을 찾아야 한다는 목소리도 나오고 있답니다.

 어휘쏙쏙

행태: 사람들의 행동이나 생활 방식
위조: 진짜처럼 만든 가짜
키오스크: 손으로 화면 속 요소를 선택하며 주문할 수 있도록 하는 무인 주문기
소진: 점점 줄어들어 다 없어짐
비상식량: 위급한 상황에 쓰기 위한 식량
해킹: 다른 사람의 컴퓨터에 침입하여 프로그램을 망침

 옳은 것 고르기

① 현금이 아닌 카드나 모바일 결제로 물건 값을 내야 하는 곳이 줄어들고 있다.
② 현금 없는 사회는 전 세계적으로 빠르게 일어나고 있는 변화는 아니다.
③ 현금 없는 사회에는 해킹으로 인한 개인정보 유출의 위험이 있다.
④ 현금이 사라지면 위조 지폐가 더 많이 늘어날 것이다.

1 현금이 사라진 세상

Q 현금 없는 사회의 모습을 살펴보며 낱말의 초성을 완성해 보세요.

A

(1) 현금 없는 ㅂ ㅅ

서울시는 2021년 10월 8개 노선에서 현금 없는 버스를 운행하기 시작했어요. 이 버스는 교통카드 혹은 현금 이체 방식으로 요금을 낼 수 있으나, 현금을 내고는 탈 수 없는 버스예요.

(2) 현금 없는 ㅁ ㅈ

스타벅스는 2018년에 현금 없는 매장을 운영하기 시작했어요. 이로 인해 다른 카페와 식당에서도 현금으로 음식을 사 먹거나 물건을 구입할 수 없는 곳이 늘어났어요.

(3) 현금 없는 ㅅ ㅂ ㄷ

최근 5년간 설날에 모바일 결제로 세뱃돈을 주는 '설날 송금 봉투' 이용 건수가 4배 넘게 증가했다고 해요. 세뱃돈도 모바일로 주고받는 세상이 되었네요.

(4) 현금 없는 ㅇ ㅎ

KB국민은행은 2019년 은행 최초로 현금과 종이 서류가 없는 점포를 냈어요. 기계를 통해 빠르게 은행 업무를 처리할 수 있고, 상품이나 서비스 상담에 더욱 집중할 수 있다고 해요.

2 O / X 퀴즈

Q 다음 문장을 읽고 맞으면 O, 틀리면 X에 표시하세요.

A (1) 어느 지역은 시내버스에서 현금을 받지 않는다. [O] [X]

(2) 한국은행이 발표한 '현금 사용행태 조사'에 따르면, 한 가정이 한 달 동안 쓰는 돈 중 현금의 비율은 점점 늘고 있다. [O] [X]

(3) 카드나 모바일 결제를 하면 잔돈을 받을 필요가 없고, 돈을 잃어버릴 위험도 줄어든다. [O] [X]

(4) 현금 없는 사회가 되면 모두에게 편리하다. [O] [X]

3 생각 펼치기: 내가 생각하는 현금 없는 사회는?

Q 여러분이 생각하는 현금 없는 사회의 장점과 단점은 무엇인지 써 보세요. 그리고 현금 없는 사회의 불편은 어떤 방법으로 해결하면 좋을지도 써 보세요.

A
제가 생각하는 현금 없는 사회의 장점은 _____
_____ 이에요/예요.

그리고 현금 없는 사회의 단점은 _____
_____ 이에요/예요.

현금 없는 사회의 불편을 해결하기 위해서는 _____
_____

한 판에 5,000억 원인 피자?

 keyword 찾아보기! 비트코인, 가상, 블록체인, 투자, 암호화폐

2010년 5월 22일, 미국의 프로그래머 라스즐로 핸예츠(Laszlo Hanyecz)는 비트코인 10,000개를 주고 피자 두 판을 샀어요. 이날은 비트코인이 실제 돈처럼 처음 사용된 역사적인 날이에요. 그런데 놀라운 사실이 있어요! 2025년 3월, 우리나라에서 비트코인 1개의 가격이 1억 원을 넘은 것이에요. 이 가격을 기준으로 라스즐로 핸예츠가 15년 전에 먹었던 피자의 가치를 계산한다면 무려 1조 원! 즉, 피자 1판이 5,000억 원짜리였던 셈이지요.

비트코인이 대체 무엇이길래 이토록 가치가 커졌을까요? 비트코인은 은행에서 살 수 없는 가상의 화폐예요. 비트코인은 블록체인이라는 강력한 암호화 기술을 사용하는 암호화폐이기 때문에 해킹이 어렵고, 안전하게 거래할 수 있다는 장점을 가지고 있어요.

하지만 비트코인의 가격은 하루에도 수백만 원씩 오르거나 내릴 수 있다는 불안정한 면도 있지요. 그럼에도 불구하고 많은 사람들은 비트코인을 비롯한 암호화폐의 가치가 앞으로 더 올라갈 것이라 기대하며 투자하고 있어요.

최근에는 여러 나라에서 암호화폐를 공식적인 자산으로 인정하며, 세금으로 낼 수 있게 하거나 결제 수단으로 사용할 수 있게 하고 있어요. 앞으로 암호화폐가 우리 생활에 어떤 영향을 줄지, 그리고 어떤 모습으로 발전해 나갈지 관심을 가지고 지켜봐요.

롤러코스터와 같은 암호화폐

비트코인과 같은 암호화폐는 가격이 오르락내리락 **변동성**이 심하다는 특징을 가지고 있어요. 그렇기 때문에 암호화폐에 투자하면 큰 이익을 얻을 수도 있고, 큰 손해를 입을 수도 있어 안정적으로 사용하기 어려워요. 만약 암호화폐의 가치가 계속 떨어진다면 사람들은 불안해서 다시 현금이나 카드와 같은 결제 수단만 사용하려 할지도 몰라요. 암호화폐는 복권처럼 큰 기회를 줄 때도 있지만, 그만큼 위험도 함께 가지고 있어요. 따라서 앞으로 암호화폐가 어떻게 바뀌어 가는지 주의 깊게 살펴보고, 변화에 슬기롭게 적응하려는 자세를 가지는 것이 중요해요.

가상: 실제로 존재하는 것이 아닌, 상상을 통해 만들어진 상황이나 물체

블록체인: 암호화폐의 거래 기록이 여러 컴퓨터에 저장되어 있어 하나의 컴퓨터가 해킹되어도 다시 원래대로 수정하여 저장하는 기술

투자: 이익을 얻기 위해 어떤 일에 시간과 정성을 쏟음

자산: 돈, 물건, 집, 땅 등 경제적으로 가치를 가지고 있는 것

변동성: 바뀌어 달라지는 성질

 옳지 않은 것 고르기

① 비트코인은 대표적인 암호화폐이다.

② 2010년에는 비트코인을 실제로 사용할 수 없었다.

③ 비트코인의 가격은 고정되어 있지 않고 계속해서 변한다.

④ 비트코인은 블록체인이라는 강력한 암호화 기술을 사용하기 때문에 해킹이 어렵다.

1. 밸런스 게임: 암호화폐에 '투자한다 VS 안 한다', 나의 선택은?

Q 암호화폐를 통해 우리는 큰 금액을 벌 수도 있고, 잃을 수도 있어요. 여러분이라면 암호화폐에 투자할 것인지 아닌지 선택하고, 그 이유를 써 보세요.

〈투자 한다〉

암호화폐의 가치가 낮을 때 투자를 해서 가치가 오를 때까지 기다리면 돼!

〈투자 안 한다〉

암호화폐의 가치가 언제 어떻게 변할지 알 수 없어서 불안해.

A 저는 암호화폐에 투자를 (할 / 안 할) 것이에요. 그 이유는 _____

_____

_____ 때문이에요.

2 숨은 단어를 찾아라!

Q 주제와 관련된 단어들을 찾아 보세요.

A

주제 암호화폐

블	매	오	호	아	하	투
라	록	시	격	개	복	자
봉	이	체	효	용	지	크
가	상	다	인	구	레	마

3 생각 펼치기: 암호화폐는 '돈'일까?

Q 여러분은 많은 사람들이 투자를 위해 사용하고 있는 암호화폐가 실제로 '돈'의 역할을 하고 있다고 생각하나요?

A

저는 암호화폐가 돈의 역할을 (하고 있다고 / 하지 못하고 있다고) 생각해요. 그 이유는 _____

_____ 때문이에요.

 ## 소개해요

만들기 도안 143쪽

1 <화폐 변화 카메라> 만들기

만들기 영상 바로가기!

 다양한 모습으로 변화해 온 화폐를 카메라 속에 담아 볼까요?

<만들기 전 체크>

1. 필름 도안 속 그림을 보고 화폐의 변화 과정을 떠올리며 초성 퀴즈 풀기(정답 135쪽)
2. 미래에는 어떤 돈이 생길지 상상해 보며 그림과 함께 간단한 글로 표현하기
3. 다양한 무늬와 색으로 카메라 도안 꾸미기

 순서에 따라 만들며 화폐와 결제 수단의 변화에 대해 복습해 보세요!

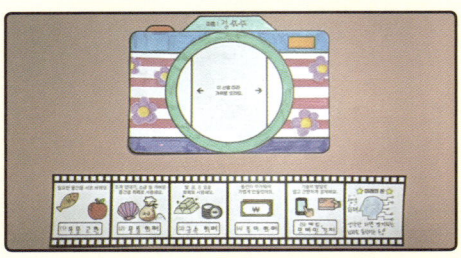

❶ 내가 원하는 색칠 도구로 도안을 색칠한 뒤 가위로 오려요.

❷ 카메라 도안을 반으로 살짝 접은 다음 렌즈 안의 세로선을 따라 오려요.

❸ 필름 도안을 렌즈의 오른쪽 틈 사이에 뒤에서 앞으로 넣어요.

❹ 필름 도안을 왼쪽 틈 사이에 앞에서 뒤로 넣어 작품을 완성해요.

단원마무리

2 <은행 정리책> 만들기
만들기 도안 145쪽

만들기 영상 바로가기!

 은행에 대해 나는 얼마나 알고 있나요?

<만들기 전 체크>
1. 퀴즈 도안 속 설명을 읽고 초성 퀴즈와 O / X 퀴즈 풀기(정답 135쪽)
2. 나만의 은행 이름을 지어 책 표지 도안 위에 쓰기
3. 책 도안을 다양한 색으로 꾸며서 나만의 책 만들기

 순서에 따라 만들며 은행에 대해 배운 내용을 책에 담아 보세요!

❶ 책 표지 도안 속 인물의 얼굴을 색칠해 완성해요.

❷ 내가 원하는 색칠 도구로 책 표지 도안을 색칠한 뒤 도안을 가위로 오려요.

❸ 퀴즈 도안에 풀칠한 뒤 퀴즈 도안을 앞뒤로 서로 붙여요.

❹ 책 표지 도안 뒷면에 퀴즈 도안의 윗부분을 붙여 작품을 완성해요.

돈이란 무엇일까? 35

PART 2

우리가 사용하는 돈

01 포장 주문에도 수수료라니?

02 초등학생은 세금을 낸다 VS 안 낸다

03 위기의 대형 마트, 다시 부활할 수 있을까?

04 1+1 상품의 비밀

05 카드를 쓸 때도 믿음이 중요해

포장 주문에도 수수료라니?

 **keyword 찾아보기!**   배달, 포장, 수수료, 물가, 소비자

배달 플랫폼 1위 A 회사가 새로운 규칙을 만들었어요. 이제는 배달 주문뿐만 아니라 포장 주문을 받을 때도 6.8 %에 해당하는 앱 이용에 대한 중개 수수료를 내야 한다는 내용인데요, 쉽게 말하면 고객이 3만 원어치 음식을 포장 주문하면 가게는 2,040원을 A 회사에 내야하는 것이에요. 이 규칙에 대한 가게 사장님과 A 회사의 입장 차이를 인터뷰를 통해 확인해 보겠습니다.

Q 포장 중개 수수료에 대해 가게 사장님께서는 어떻게 생각하실까요?

A **가게 사장님**: 포장 주문에도 중개 수수료가 부과되면 가게의 소득이 더 줄어 부담이 너무 큽니다. 그래서 A 회사의 앱을 통해서는 포장 주문을 받지 않는 방법도 생각하고 있어요.

Q 실제로 한 소비자 단체가 외식업 사장님 502명을 대상으로 설문 조사를 한 결과, 47.6 %가 이미 배달 앱의 배달 중개 수수료에 부담을 느껴 음식 가격을 올린 것으로 나타났는데요, 포장 중개 수수료에 대해 A 회사는 어떻게 생각하실까요?

A **A 회사**: 그렇게 말씀하시면 참 난처합니다. 포장 주문 서비스에 대해서는 5년 동안 수수료 없이 무료로 유지해 왔어요. 하지만 배달 주문 서비스와 마찬가지로, 포장 주문 서비스를 위한 앱 운영과 개발에도 비용이 계속 들고 있었습니다. 수수료를 받는 만큼 포장 서비스 활성화를 위해 아낌없이 지원할 예정이니 이해해 주셨으면 좋겠어요.

한 경제학 전문가는 포장 주문에도 중개 수수료가 붙는다면, 음식 가격에 반영되어 외식 물가가 오르고 소비자의 부담이 늘어날 수 있다고 말했어요. 여러분은 포장 중개 수수료에 대해 어떻게 생각하나요?

물가가 오른다는 말은 무엇일까요?

물가는 우리가 구매하는 여러 가지 물건의 평균 가격을 나타내는 단어예요. 즉, 물가가 오른다는 것은 여러 상품의 가격이 전체적으로 올라간다는 뜻이지요. 예를 들어, 짜장면 가격이 예전에는 4,000원이었는데, 점점 올라서 7,000원이 되었다면, 우리는 "물가가 올랐다."라고 말해요. 계속해서 물가가 오르면 사람들은 돈을 아끼기 위해 외식이나 쇼핑 횟수를 줄이게 돼요. 이렇게 되면 가게에 손님이 줄어들고, 결국 가게 운영까지 어려워질 수 있어요. 따라서 정부에서는 물가를 안정적으로 유지하려고 노력하고 있답니다.

플랫폼: 사람들이 상품이나 서비스, 정보를 주고받을 수 있는 공간이나 시스템
중개: 두 사람 사이에서 일이 잘 되도록 연결함
수수료: 어떤 일을 맡아 처리해 준 것에 대한 보상으로 주는 돈
부과: 세금이나 부담금 등을 매기어 부담하게 함
활성화: 어떤 사회나 조직의 기능을 활발하게 함

 옳은 것 고르기

① 설문 조사를 한 결과, 외식업 사장님들은 배달 중개 수수료에 부담을 느껴 이미 음식 가격을 올린 적이 있다고 답했다.
② 가게 사장님들은 포장 주문에도 앱 이용에 대한 중개 수수료를 부과하는 것에 대해 만족하고 있다.
③ 포장 주문 서비스에 대해서는 배달 플랫폼 회사의 앱 운영과 개발 비용이 들지 않는다.
④ 계속해서 물가가 오르면 사람들의 소비가 늘어난다.

1 찬반 토론: 포장 주문에도 수수료를 내야 할까?

Q 여러분은 배달 플랫폼 회사가 가게 사장님들에게 포장 중개 수수료를 부과하는 것에 대해 어떻게 생각하나요? 찬성과 반대 중에서 나의 생각을 선택하고, 그 이유를 써 보세요.

〈찬성〉
배달 앱을 이용해 포장 주문을 받으니까 당연히 앱 이용에 대한 중개 수수료를 내야지! 앱 운영과 개발을 위한 비용도 필요해.

〈반대〉
기존 배달 중개 수수료에 포장 중개 수수료까지 더해지면 가게의 부담이 커질거야. 그러면 음식 가격이 오를 수도 있어.

A 저는 포장 주문에도 중개 수수료를 부과하는 것에 대해 (찬성 / 반대)해요. 그 이유는 _____ 때문이에요.

2 초성 퀴즈

Q 문장을 읽으며 네모 칸 안에 있는 초성 퀴즈를 풀어 보세요.

A (1) A 회사는 가게 사장님들이 포장 주문을 받을 때도 앱 이용에 대한 중개 ㅅ ㅅ ㄹ 를 내야 하는 규칙을 만들었다.

(2) 외식업 사장님의 47.6%는 배달 중개 수수료에 대해 ㅂ ㄷ 을 느껴 음식 가격을 올린 것으로 나타났다.

(3) A 회사는 수수료를 받는 만큼 앞으로 포장 서비스 ㅎ ㅅ ㅎ 를 위한 지원을 아낌없이 할 것이라고 말했다.

3 생각 펼치기: 치킨 가격이 오른다면?

Q 포장 중개 수수료에 부담을 느낀 치킨집 사장님이 한 마리에 20,000원이던 치킨의 가격을 23,000원으로 올리자, 사람들은 이번 달에 치킨을 주문할지 말지 고민하기 시작했어요. 앞으로 상황이 어떻게 될지 선택하고, 그 이유를 써 보세요.

❶ 당장은 주문이 줄겠지만, 곧 다시 예전처럼 치킨을 사 먹을 것이다.
❷ 가격이 올랐기 때문에 사람들이 예전과 달리 치킨을 사 먹지 않을 것이다.

A 저는 ___번이라고 생각해요. 그 이유는 _____

_____

_____ 때문이에요.

초등학생은 세금을 낸다 VS 안 낸다

 keyword 찾아보기! 세금, 소득세, 소비세, 부가가치세, 의무

과연 초등학생도 세금을 낼까요? 세금은 어른들만 내는 것이라고 생각하는 친구들이 많을 것이에요. 하지만 사실 여러분도 세금을 내고 있답니다!

사람들은 돈을 벌 때 '소득세', 돈을 쓸 때 '소비세'라는 세금을 내요. 일반적으로 초등학생은 직접 돈을 벌지 않으니 소득세를 내는 경우는 드물어요. 그렇지만 용돈으로 간식이나 학용품 등을 살 때 소비세가 포함된 가격으로 지불하고 있답니다.

"엥? 내가 세금을 냈다고? 과자값만 냈던 것 같은데…?"라고 생각할 수도 있어요. 내가 정말 세금을 냈는지 확인해 보고 싶다면 과자나 사탕, 바나나 우유와 같은 가공식품을 살 때 받은 영수증을 한번 잘 살펴보세요. 내가 결제한 금액 속에는 세금이 붙기 전 물품 가격(과세물품금액)의 10 %에 해당하는 부가가치세(부가세액)가 포함되어 있다는 것을 알 수 있어요. 앞서 말한 소비세라는 이름 대신 부가가치세라고 부르고, 물품이나 서비스의 생산 과정에서 새로 덧붙여진 가치에 대해 내는 세금이에요. 가공식품 외에도 영화관, 놀이공원 등의 서비스를 이용할 때도 부가가치세가 붙는답니다.

구입 상품	초코과자
과세물품금액	2,000
✓ 부가세액	200
결제 금액	2,200

세금을 내는 것은 국민의 의무 중 하나예요. 우리가 내는 세금은 병원, 소방서, 학교를 짓고 도로를 만드는 등 국민의 안정적인 생활과 국가의 발전을 위해 쓰여요. 초등학생도 '납세의 의무'를 지키는 당당한 대한민국의 국민임을 잊지 않아야겠습니다.

세금으로 사람들의 행동을 바꾼다?

세금이 사람들의 행동을 변화시키기도 한다는 사실, 알고 있나요? 이처럼 특별한 목적을 가지고 있는 세금 중에는, 담배에 부과되어 국민의 건강을 지키는 데 도움을 주는 담배 소비세가 있어요. 담배값에 부담을 느낀 소비자가 금연하면서 흡연율이 줄기를 바라는 것이지요. 또, 탄소 배출을 억제해 환경을 보호하기 위한 '탄소세'도 있어요. 탄소를 많이 배출한 기업은 더 많은 세금을 내야 하는 것이에요. 이처럼 부정적인 영향을 주는 행동이나 환경 오염을 줄이기 위해 특별히 부과하는 세금을 '교정적 조세'라고 해요. 세금은 단순히 정부의 예산을 확보하기 위한 수단만이 아니라, 사회 문제를 해결하기 위한 도구이기도 해요.

지불: 돈을 내어줌

가공식품: 농산물, 축산물, 수산물 등을 인공적으로 처리해서 만든 식품

의무: 마음이 어떻든 상관없이 해야만 하는 일

억제: 정도나 한도가 넘어서는 것을 억눌러 그치게 함

교정: 가르쳐서 바르게 함

예산: 필요한 비용을 미리 계산하여 정한 계획

 옳은 것 고르기

① 세금은 어른들만 내는 것이다.

② 돈을 쓸 때는 소득세, 돈을 벌 때는 소비세를 낸다.

③ 영화관, 놀이공원을 이용할 때도 부가가치세를 낸다.

④ 학교, 도로, 병원, 공원을 만들 때만 세금을 사용한다.

1 다양한 '세금'의 세계

Q 세금의 종류를 알려 주는 설명을 읽고 알맞은 단어를 찾아 선을 그어 보세요.

A

(1) 집이나 땅과 같은 재산에 부과되는 세금

증여세

(2) 부모님이나 다른 사람이 재산을 줄 때 내는 세금

증권거래세

(3) 내가 돈을 투자한 회사의 주식을 팔 때 내는 세금

재산세

(4) 교육을 위한 비용을 마련하기 위해 부과하는 세금

교육세

2 가로 세로 퀴즈

Q 가로 세로 퀴즈를 풀고 빈칸을 채워 보세요.

A

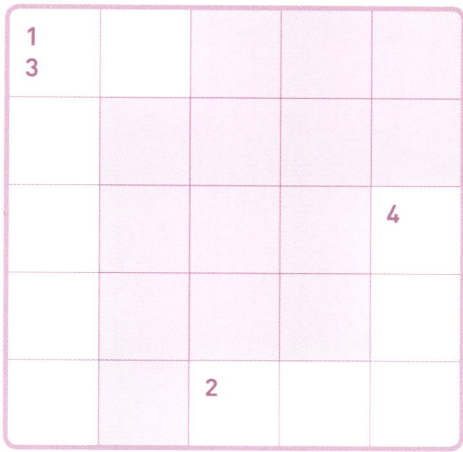

가로 퀴즈	세로 퀴즈
1 세금을 매기어 부담하게 함 2 돈을 벌 때 내는 세금	3 물건이나 서비스를 구매할 때 부가된 가치에 대해 내는 세금 4 돈을 쓸 때 내는 세금

3 생각 펼치기: 새로운 세금 만들기

Q 모든 국민은 법률이 정한 내용에 따라 세금을 내요. 만약 여러분이 우리의 일상에 필요한 세금을 만들 수 있다면 어떤 세금을 만들고 싶은지 써 보세요.

A
저는 _____
세금을 만들고 싶어요. 그 이유는 _____
_____ 때문이에요.

우리가 사용하는 돈 45

위기의 대형 마트, 다시 부활할 수 있을까?

🔑 **keyword 찾아보기!** 대형 마트, 적자, 구조 조정, 배송, 1인 가구, 가성비, 편의점

대형 마트는 넓은 공간에서 여러 종류의 물건을 살 수 있기 때문에 사람들이 자주 찾는 곳이었어요. 그래서 예전에는 대형 마트를 주변에서 쉽게 찾아볼 수 있었는데, 최근에는 영업을 중단하는 일이 심심치 않게 일어나고 있어요. 국내 한 대형 마트의 경우, 매출이 계속 줄어들어 무려 500억 원의 적자를 기록하면서 직원 전체를 대상으로 대규모 구조 조정을 실시하기도 했지요.

잘 나가던 대형 마트가 요즘 왜 어려움을 겪고 있는 것일까요? 가장 큰 이유는 사람들이 마트에 직접 가지 않고 스마트폰으로 물건을 주문하는 것이 늘었기 때문이에요. 주문한 물건을 당일이나 다음날 새벽에 문 앞으로 배송해 주는 서비스가 생기면서 마트에 직접 가기보다는 집에서 편하게 물건을 사려고 하는 사람들이 많아졌어요.

또 다른 이유는 혼자 사는 1인 가구가 점점 더 늘어나고 있기 때문이에요. 적은 양에 좋은 가성비를 갖춘 상품을 내세운 편의점이 1인 가구의 취향에 부합하면서 4인 가구를 주 대상으로 하는 대형 마트의 인기는 시들해졌어요. 그리고 물건값이 많이 올라서 사람들이 꼭 필요한 것만 사다 보니, 대형 마트를 찾는 사람이 점점 줄고 있는 것이지요.

대형 마트는 어려운 상황을 이겨 내기 위해 다양한 방법을 찾고 있어요. 적은 양으로 나누어 포장한 상품을 많이 내놓고, 주문하면 1시간 안에 배송해 주는 서비스도 시작했답니다. 과연 대형 마트는 과거의 영광을 되찾을 수 있을까요?

온라인 쇼핑 VS 오프라인 쇼핑

온라인 쇼핑은 인터넷을 이용해 스마트폰이나 컴퓨터로 시간에 상관없이 간편하게 물건을 살 수 있다는 장점이 있어요. 하지만 물건을 직접 보지 못하기 때문에 사진과 실물 크기가 다르거나 신선하지 않은 제품이 올 수 있다는 단점이 있지요. 반대로 마트나 백화점 등에서 이루어지는 오프라인 쇼핑은 물건을 직접 보고 살 수 있어서 믿고 구매할 수 있어요. 하지만 매장의 운영 시간에 맞춰 가야 하고, 물건을 많이 샀을 때는 무거운 짐을 들고 집까지 이동해야 한다는 불편함도 있어요.
온라인 쇼핑 VS 오프라인 쇼핑, 여러분의 선택은?

매출: 물건을 내다 파는 일
적자: 번 돈보다 쓴 돈이 더 많아서 손해를 본 금액
구조 조정: 회사가 돈을 아끼기 위해 직원 수를 줄이거나 운영 방식을 바꿈
가성비: 가격 대비 성능의 비율
부합: 사물이나 현상이 서로 꼭 들어맞음

 옳은 것 고르기

① 대형 마트의 매출은 계속 늘어나고 있다.
② 편의점은 1인 가구가 원하는 소비 방식에 맞는 상품들을 내놓고 있다.
③ 스마트폰으로 물건을 주문하는 것보다 직접 마트에 방문하려는 사람이 늘었다.
④ 물건값이 많이 올라서 사람들이 꼭 필요한 것만 사다 보니, 대형 마트를 찾는 사람이 점점 많아지고 있다.

1 온라인 쇼핑 VS 오프라인 쇼핑

Q 문제를 풀며 우리 가족의 쇼핑 스타일을 확인해 보세요.

A (1) 지난 한 달 우리 가족의 온라인과 오프라인 쇼핑 목록을 써 보세요.

온라인 쇼핑	오프라인 쇼핑
✓ 예시 생수	✓ 예시 신발
✓	✓
✓	✓
✓	✓
✓	✓
✓	✓

(2) 우리 가족이 주로 이용하는 쇼핑 방식을 선택해 보세요.

온라인 쇼핑 ☐ 　　　　　오프라인 쇼핑 ☐

2 사다리 타기 퀴즈

Q 사다리를 타고 내려 간 곳에 알맞은 답을 써 보세요.

A

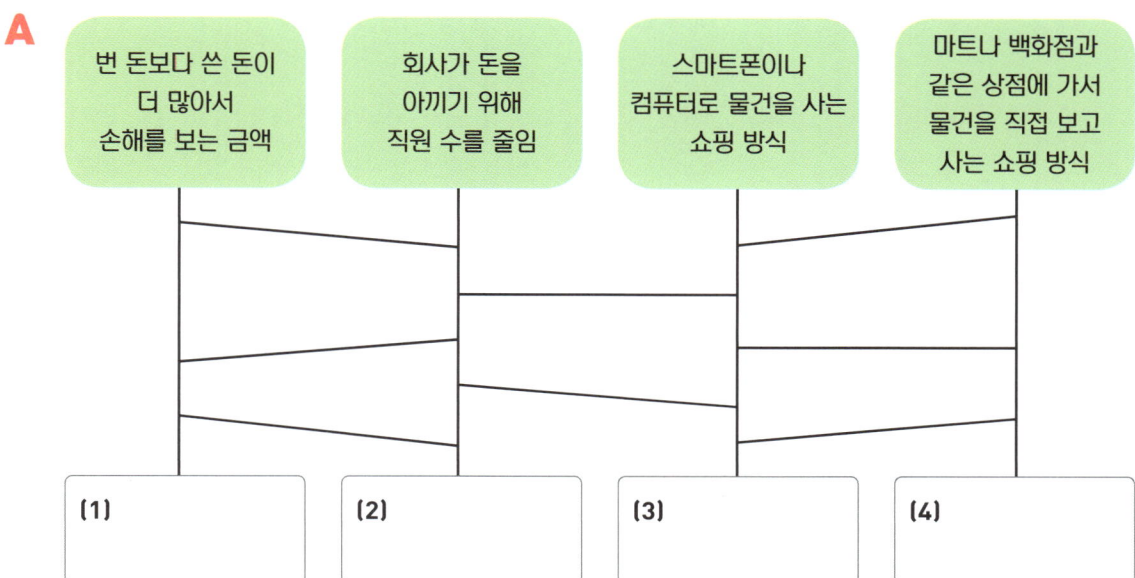

3 생각 펼치기: 대형 마트 부활 프로젝트!

Q 여러분이 대형 마트를 운영하는 기업의 대표라면 대형 마트를 부활시키기 위해 어떤 이벤트를 진행하고 싶은가요?

A

예시

〈시간대별 초특가 할인 이벤트〉

오전 10시부터 12시까지 신선식품 30 % 할인!

시간대별로 다양한 초특가 할인 혜택을 받아 보세요!

이벤트 이름: 〈　　　　　　　　　　　　　　　　　　　　　　〉

내용: _____

1+1 상품의 비밀

keyword 찾아보기! 1+1, 마케팅, 전략, 매출, 박리다매

집 근처 편의점에서 '1+1'이라고 쓰여 있는 홍보 문구를 본 적이 있나요? 1개를 사면 제품 1개를 더 준다는 뜻인데요, 편의점은 왜 이런 이벤트를 진행하는 것일까요?

1+1 혹은 2+1 이벤트는 상품을 빨리 팔고 싶을 때 사용하는 마케팅 전략이에요. 물건을 오랫동안 쌓아 두면 보관 비용이 들고, 음식 같은 경우에는 유통 기한이 지나면 버려야 하니까요. 또, 사람들에게 새로 나온 제품을 소개하고, 한 번 구매한 소비자가 다음에도 다시 찾도록 유도하기 위한 목적도 있어요.

"물건을 무료로 주면 편의점이 손해를 보는 것은 아닐까?"라는 생각이 들 수도 있어요. 하지만 이런 이벤트는 편의점의 매출이 늘어나는 데 도움을 줘요. 실제로 한 편의점 업체에 따르면, 1+1 이벤트를 진행하는 제품의 매출 비중이 2022년에는 27.2 %, 2023년에는 29.6 %, 2024년에는 30.1 %로 점점 늘어났다고 해요.

편의점은 이벤트 가격으로 물건 1개를 팔았을 때 이익은 줄어들더라도 판매량이 늘어나면 전체 이익이 오히려 커질 수 있는 '박리다매 효과'를 기대하며 1+1 이벤트를 진행하는 것이랍니다.

1+1 이벤트 덕분에 소비자는 평소보다 저렴한 가격으로 더 많은 물건을 살 수 있고, 판매자는 평소보다 더 많은 이익을 얻을 수 있으니, 일거양득이네요!

990원, 9,900원, 숫자 9의 마법

마트, 편의점, 온라인 쇼핑몰에서 2,490원, 9,900원처럼 '90'나 '900'으로 끝나는 가격을 자주 볼 수 있어요. 이것은 우연이 아닌 소비자의 심리를 이용한 마케팅 전략이에요. 예를 들어, 1,000원과 990원은 단 10원 차이지만, 사람들은 그보다 더 큰 차이로 990원이 1,000원보다 저렴하다고 느껴요. 그 이유는 수의 자릿수가 4개에서 3개로 줄어들면 가격이 크게 차이 나는 것처럼 보이기 때문이에요. 이런 전략에 넘어가면 원래는 살 생각이 없었거나 1개만 사려고 했던 물건을 2~3개씩 사게 될 수도 있어요. 상품을 살 때는, 이렇게 숨겨진 심리 효과를 떠올리면서 이 물건이 정말 필요한 것인지 한 번 더 생각해 보는 것이 중요해요. 광고나 가격 표시의 눈속임에 휘둘리지 않고, 합리적으로 판단하는 똑똑한 소비자가 되어 봐요!

마케팅: 상품이나 서비스를 더 많이 팔기 위해 광고하고 홍보하는 활동
전략: 어떤 목표를 이루기 위해 세우는 계획이나 방법
유통 기한: 제품을 안전하게 사용할 수 있는 기간
유도: 어떤 행동을 하도록 이끎
일거양득: 1가지 일을 해서 2가지 이익을 얻음

 옳지 않은 것 고르기

① 1+1 이벤트는 1개를 사면 제품 1개를 더 준다는 뜻이다.

② 새로 나온 제품을 홍보하고 싶을 때 1+1 이벤트를 진행한다.

③ 편의점은 손해를 보면서도 고객을 위해 1+1 이벤트를 진행한다.

④ 1+1 이벤트는 주로 상품을 빨리 팔아서 물건을 오래 쌓아 두지 않기 위해 진행한다.

1 2+1 이벤트 포스터 만들기

Q 제품 2개를 사면 1개를 더 주는 2+1 이벤트를 알리는 포스터를 만들어 보세요.

A 힌트 내가 편의점에서 어떤 상품을 사고, 누구와 함께 그 상품을 나누고 싶은지 생각해 보세요.

2 내가 만드는 핵심 문장!

Q 〈보기〉에 있는 단어를 모두 사용해서 문장을 만들어 보세요.

A
> 보기 | 편의점, 1＋1, 박리다매, 마케팅

3 생각 펼치기: 내가 편의점 사장님이라면?

Q 여러분이 편의점 사장님이라면 상품을 더 잘 팔기 위해 어떤 마케팅 전략을 펼치고 싶나요? 1＋1, 2＋1 이벤트 외에 또 다른 이벤트를 생각해 써 보세요.

A
제가 생각한 이벤트의 이름은 ＿＿＿＿＿＿＿＿＿＿＿＿＿＿＿＿＿＿이에요/예요.

이 이벤트의 마케팅 전략은 ＿＿＿＿＿＿＿＿＿＿＿＿＿＿＿＿＿＿＿＿＿＿
＿＿＿＿＿＿＿＿＿＿＿＿＿＿＿＿＿＿＿＿＿＿＿＿＿＿＿＿＿＿＿＿＿＿
＿＿＿＿＿＿＿＿＿＿＿＿＿＿＿＿＿＿＿＿＿＿＿＿＿＿＿＿＿＿＿＿＿.

카드를 쓸 때도 믿음이 중요해

 keyword 찾아보기!   현금, 체크 카드, 신용 카드, 할부, 이자

여러분은 부모님께 카드를 받아 준비물이나 간식을 사 본 적이 있나요? 요즘은 현금보다 카드로 결제하는 경우가 많아져, 아이들의 용돈을 체크 카드에 넣어 주는 부모님도 점점 늘고 있다고 해요.

나를 사용하고 싶다면 너의 높은 신용을 보여 줘!

카드는 크게 두 종류가 있어요. 먼저 체크 카드는 계좌에 넣어 둔 만큼의 돈만 사용할 수 있는 카드로, 돈을 낭비하지 않고 사용할 수 있다는 장점이 있어요. 다음으로 신용 카드는 카드 회사가 고객의 신용을 믿고 대신 결제해 준 다음, 나중에 내가 사용한 돈을 갚는 카드예요. 지금 당장 돈이 없어도 사고 싶은 물건을 살 수 있는 것이 신용 카드의 장점이지요. 카드 이름에 '신용'이라는 단어가 들어가 있는 만큼 내가 쓴 돈을 잘 갚을 수 있다는 믿음을 주어야 신용 카드를 만들고 사용할 수 있답니다.

카드는 편리한 것은 물론, 결제 금액의 일정 부분을 포인트로 적립해 주고, 다양한 분야에서 할인 혜택을 제공하기 때문에 현금보다 많이 사용되고 있어요. 그렇지만 카드를 사용할 때는 주의해야 할 점이 있어요. 특히, 신용 카드는 내가 쓴 돈이 바로 빠져나가는 것이 아니라 특정한 날에 한꺼번에 결제되기 때문에 얼마나 썼는지 실감하기 어려울 수 있어요. 또, 할부 결제를 자주 사용하다 보면 계획보다 더 많은 돈을 쓰게 되기도 하지요.

만약 신용 카드로 사용한 돈을 정해진 기간 내에 다 갚지 못하면, 원래 내가 쓴 금액에 이자가 붙어서 더 많은 돈을 갚아야 해요.

갚지 못할 만큼 계획 없이 신용 카드를 사용하다 보면 신용 점수가 낮아질 수 있어요. 따라서 내가 사려는 물건이 정말 필요한 것인지 신중하게 생각하는 습관을 기르는 것이 중요하답니다.

'신용' 관리의 중요성!

신용이란 돈을 빌린 후 약속한 날짜까지 잘 갚을 수 있는 능력을 말해요. 은행과 같은 **금융** 회사에서는 신용을 아주 중요하게 생각한답니다. 성인이 되어 경제 활동을 하면 '신용 점수'가 생기는데, 0점부터 1,000점까지 점수가 매겨져요. 신용 점수가 높으면 은행에서 대출을 받을 때 돈을 쉽게 빌릴 수 있지만, 점수가 낮으면 돈을 빌리기 어려워져요. 돈을 빌릴 수 있다고 하더라도 나중에 돈을 갚을 때 신용 점수가 높은 사람보다 낮은 사람이 더 많은 이자를 내야 해요. 또, 신용 카드를 만들 때 신용 점수가 낮으면 카드 발급이 거절될 수도 있어요. 친구나 가족 사이에서 믿음이 중요한 것처럼 경제 활동을 할 때도 신용을 잘 관리하는 것이 중요하답니다!

계좌: 은행을 통해 돈을 넣거나 뺄 수 있는 공간
신용: 믿고 의심하지 않는 것
적립: 모아서 쌓아 둠

할부: 물건이나 서비스를 결제한 후에 돈을 여러 번에 나눠서 갚는 방법
금융: 돈을 빌리거나 빌려주고, 또 투자하거나 저축하는 과정에서의 돈의 흐름

 옳지 않은 것 고르기

① 신용 카드를 사용하면 내가 쓴 돈이 바로 빠져나가는 것을 쉽게 느낄 수 있다.

② 부모님에게 카드를 받아 용돈을 사용하는 아이들이 늘고 있다.

③ 카드를 사용하면 포인트 적립과 할인 혜택을 받을 수 있다.

④ 신용 점수가 낮으면 카드 발급이 거절될 수도 있다.

1 신용 점수에 따른 경제 생활

Q 신용 점수가 낮을 때와 높을 때 경제 생활이 어떻게 달라지는지 〈보기〉에서 알맞은 단어를 골라 써 보세요.

A

보기 어려워요, 쉬워요, 낮아요, 높아요

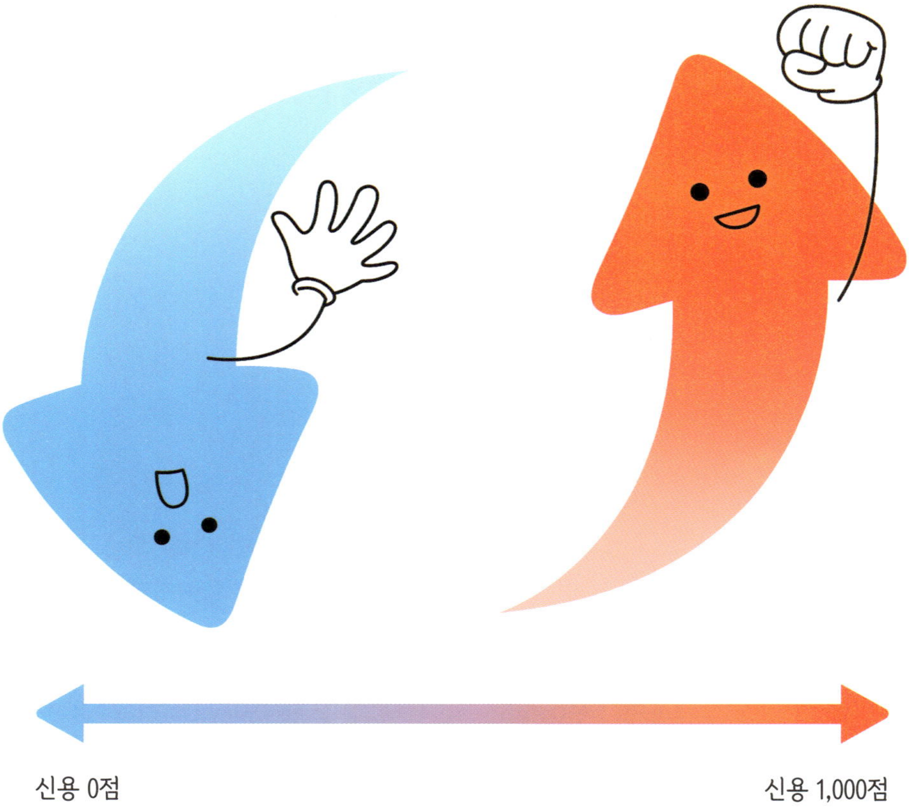

신용 0점 ←――――――――――→ 신용 1,000점

낮을 때	신용 점수	높을 때
(1)	대출 받기	(2)
(3)	대출 이자	(4)
(5)	신용 카드 만들기	(6)

2 O / X 퀴즈

Q 다음 문장을 읽고 맞으면 O, 틀리면 X에 표시하세요.

A (1) 체크 카드를 사용할 때는 내 계좌에 넣어 둔 돈만큼만 사용할 수 있다. [O] [X]

(2) 신용 카드의 할부 결제를 자주 사용하다 보면 계획보다 더 적은 돈을 쓰게 되기도 한다. [O] [X]

(3) 신용 카드로 사용한 돈을 정해진 기간에 다 갚지 못해도 이자가 붙지 않는다. [O] [X]

(4) 신용이란 돈을 빌린 후 약속한 날짜까지 잘 갚을 수 있는 능력을 말하며, 금융 회사에서 신용을 중요하게 생각한다. [O] [X]

(5) 신용 점수는 0점부터 1,000점까지 매겨진다. [O] [X]

3 생각 펼치기: 나의 일상 속 신용

Q 미래에 높은 신용을 가지려면 지금부터 주변 사람들에게 믿음을 얻는 연습이 필요해요. 일상 속에서 믿음을 쌓을 수 있는 나만의 실천 방법을 써 보세요.

A
ㄱ. 도서관에서 빌린 책을 정해진 기간에 반납해요.

ㄴ. 친구에게 빌린 돈은 바로 갚아요.

ㄷ. 부모님에게 거짓말을 하지 않아요.

ㄹ. _____

ㅁ. _____

소개해요

만들기 도안 147쪽

1 〈세금 자판기〉 만들기

만들기 영상 바로가기!

 세금에 대해 재미있게 알려 주는 세금 자판기!

〈만들기 전 체크〉

1. 내가 좋아하는 간식을 선택해 가격을 확인하고, '부가세액'이 '과세물품금액'의 10 %가 맞는지 직접 계산해 본 후 영수증 도안에 쓰기

   과세물품금액 ÷ 100 × 10 = 부가세액

   * 계산이 어렵다면 계산기를 이용하기

2. 도안 속 세금 설명을 읽고 초성 퀴즈 풀기(정답 136쪽)

 순서에 따라 만들며 세금의 종류와 부가세액(부가가치세)에 대해 복습해 보세요!

❶ 내가 원하는 색칠 도구로 도안을 색칠한 뒤 가위로 오려요.

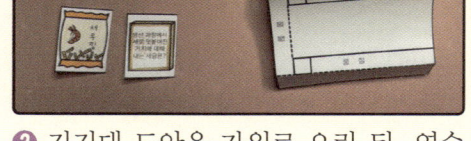

❷ 지지대 도안을 가위로 오린 뒤, 영수증과 지지대 도안을 접어요.

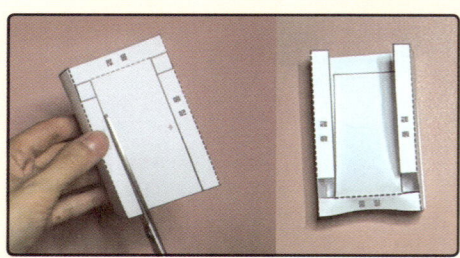

❸ 지지대 도안의 안쪽 부분을 오린 뒤 가운데 부분이 뒷면에 닿도록 접어요.

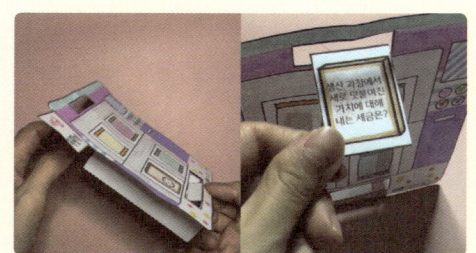

❹ 지지대 도안에 풀칠해 자판기 도안 뒷면 아래쪽에 붙여 작품을 완성해요.

단원마무리

만들기 도안 149쪽

2 <현명한 소비 요정> 만들기

만들기 영상 바로가기!

 우리에게는 어떤 소비 습관이 필요할까요?

<만들기 전 체크>
1. 소비 요정을 상상해서 도안에 그리기
2. 소비 요정의 이름과 능력, 특징을 도안에 쓰기
3. 올바른 소비를 위해 소비 요정이 어떤 말을 할 것 같은지 말풍선에 쓰기
4. 소비 요정에 대한 질문에 답 쓰기

 순서에 따라 만들며 나를 위한 똑똑한 소비를 생각해 보세요!

❶ 내가 원하는 색칠 도구로 도안을 색칠한 뒤 가위로 오려요.

❷ 점선을 따라 접은 뒤 가운데 부분을 계단 모양처럼 접어요.

❸ 가운데 부분 앞에 소비 요정을 붙여요.

❹ 반으로 접은 뒤 나머지 도안을 앞표지에 붙여 작품을 완성해요.

PART 3

똑똑한 경제 습관

01 초등학생 경제 교육, 여든까지 간다
02 "세뱃돈은 부모님한테?" 이제 NO!
03 티끌 모아 운동화
04 용돈을 똑똑하게 쓰는 법!
05 나, 너, 우리에게 도움을 주는 '기부'

초등학생 경제 교육, 여든까지 간다

🔑 keyword 찾아보기! 경제이해력, 경제 생활, 경제 교육, 금융 선진국, 실생활

2024년 기획 재정부에서 우리나라 초·중·고등 학생 총 1.5만여 명을 대상으로 '경제이해력 조사'를 실시했어요. 조사 결과, 평균 점수는 초등학생(6학년)은 61.5점, 중학생(3학년)은 51.9점, 고등학생(2학년)은 51.7점으로 나타났는데요, 모두 절반의 점수를 겨우 넘은 낮은 수준이에요.

혹시 여러분은 간식을 사 먹거나 학용품을 살 때 그리고 병원에 가거나 친구들과 놀 때 부모님께서 주신 용돈을 사용하고 있나요? 어른이 되어서는 직접 돈을 벌고 그 돈을 관리할 수 있는 능력이 필요해요. 책임감 있는 경제 생활을 하기 위해서는 어릴 때부터 경제 교육을 받아 경제이해력을 쌓는 것이 중요하답니다.

그렇다면 경제 교육은 언제부터 시작하는 것이 좋을까요? 미국, 싱가포르, 영국과 같은 금융 선진국은 초등학교 때부터 경제 교육을 받을 수 있도록 교육 체계를 강화했어요. 뿐만 아니라 미국은 고등학교에서 경제 교육을 의무적으로 이수하도록 하고 있으며, 싱가포르는 금융을 고등학교 필수 과목으로 지정했어요. 그리고 영국은 중·

고등학생에게 개인 예산 관리와 같은 금융 문해력 교육을 의무적으로 시행하고 있답니다.

우리나라도 최근 초·중·고등 학생에 대한 경제 교육을 강화하고 있어요. 하지만 아직 경제 교육이 의무화된 것은 아니며, 학교 정규 수업에서 경제를 배울 시간이 부족한 것이 현실이에요. 실생활과 밀접하게 연결된 교육이 충분하지 않다는 지적도 있어요. 미래를 이끌어 갈 청소년들이 지금부터 경제 교육을 충분히 받아 여든 살이 되어도 똑똑한 경제 생활을 이어갈 수 있도록 더 많은 노력이 필요하답니다.

더 알아보기

경제 공부, 어디에서 할 수 있나요?

혹시 경제 공부가 어렵게 느껴진다면 온·오프라인에서 다양한 활동을 통해 재미있게 경제에 대해 배울 수 있답니다. 바로 소개할게요!

▶ 어린이 경제교실(온라인): 기획재정부에서 운영하는 경제 교육 사이트로, 경제 개념을 동영상과 함께 학습할 수 있어요.

▶ 금융감독원 e-금융교육센터(온라인): 어린이부터 성인까지 금융 교육을 받을 수 있는 사이트로, 만화, 보드게임 등으로 금융 지식을 학습할 수 있어요.

▶ 한국은행 화폐박물관(오프라인): 경제 개념부터 화폐의 제조와 순환 과정까지 익힐 수 있는 박물관으로, 블록 쌓기 등의 경제 체험도 할 수 있어요.

경제이해력: 경제 활동을 올바르게 이해하고 합리적인 선택을 할 수 있는 능력
이수: 학문을 순서대로 공부하여 마침
밀접: 아주 가깝게 맞닿아 있음
제조: 공장에서 큰 규모로 물건을 만듦
순환: 돈이 계속해서 사용되고 관리되는 흐름

문해력쑥쑥 옳은 것 고르기

① 2024년에 실시한 경제이해력 조사 결과, 초등학생(6학년)의 경제이해력 점수는 70점을 넘었다.

② 어렸을 때 받은 경제 교육은 어른이 되었을 때 크게 영향을 미치지 못한다.

③ 미국은 고등학교에서 경제 교육을 의무로 이수하도록 하고 있다.

④ 우리나라는 학교 정규 수업에서 경제를 배울 시간이 많다.

1 나의 일상 속 경제 찾기

Q 우리의 삶은 경제와 깊이 관련되어 있어요. 나의 일상 속에서 어떤 경제 활동을 할 수 있는지 생각해 본 후, 그림을 그리고 글로 써 보세요.

A

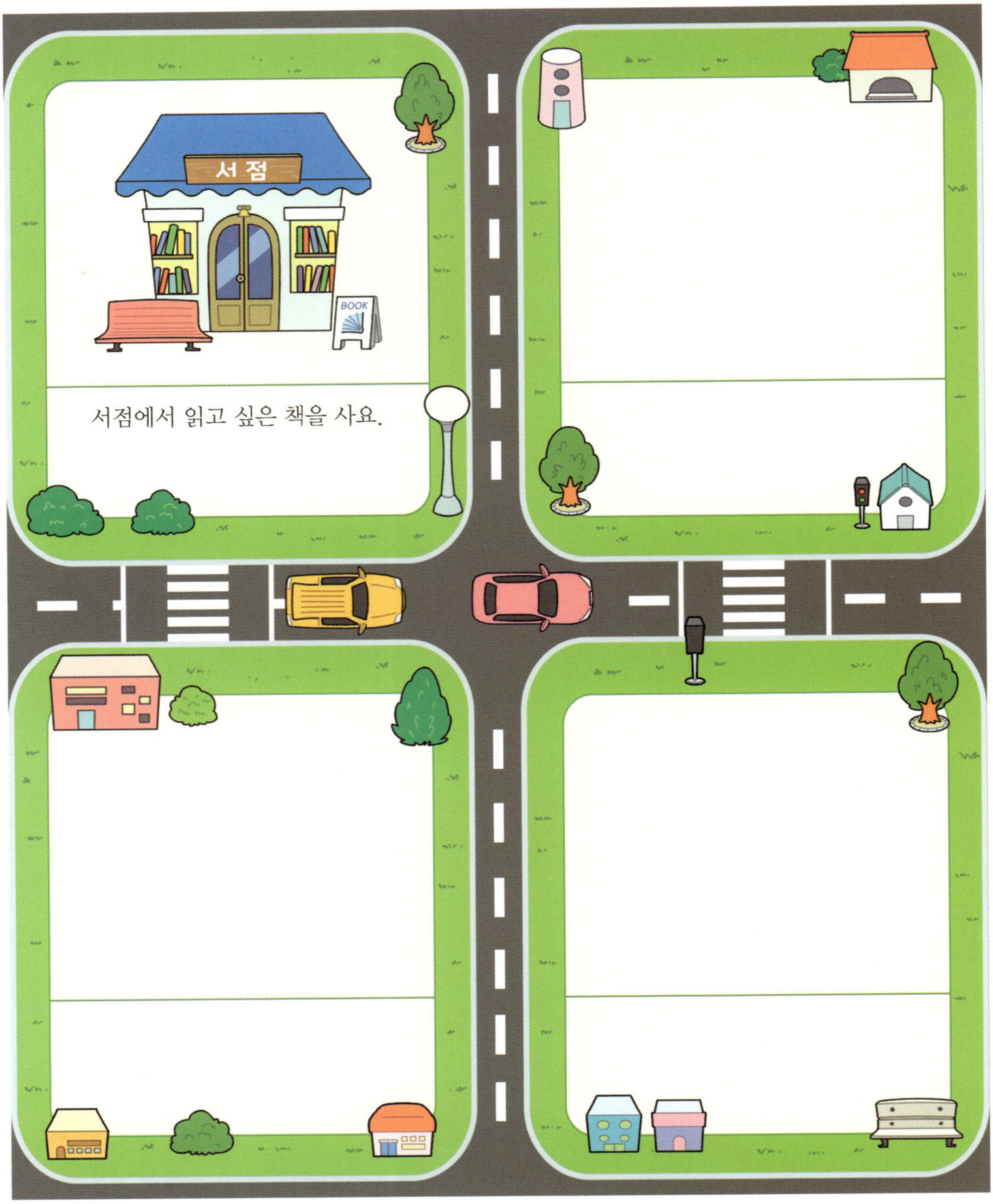

서점에서 읽고 싶은 책을 사요.

2 초성 퀴즈

Q 문장을 읽으며 네모 칸 안에 있는 초성 퀴즈를 풀어 보세요.

A (1) 경제 ㅇ ㅎ ㄹ 이 높으면 돈을 더 잘 관리하면서 책임감 있는 경제 생활을 할 수 있다.

(2) 금융 선진국들은 초등학교 때부터 ㄱ ㅈ ㄱ ㅇ 을 받을 수 있도록 교육 체계를 강화했다.

(3) 우리나라는 ㅅ ㅅ ㅎ 과 밀접하게 연결된 경제 교육이 충분하지 않다.

3 생각 펼치기: 경제 교육은 왜 필요할까?

Q 어렸을 때부터 경제 교육을 받아야 하는 이유를 생각해 보세요. 그리고 내가 배우고 싶은 경제 교육은 무엇인지 〈보기〉에서 단어를 골라 써 보세요.

A
> 보기 돈, 세금, 투자, 용돈 관리, 저축
>
> 어렸을 때부터 경제 교육을 받아야 하는 이유는 _
> _ 때문이에요.
>
> 저는 _ _ _ _ _ _ _ _ 에 대해 배우고 싶어요. 그 이유는 _ _ _ _ _ _ _ _ _ _ _ _
> _ 때문이에요.

"세뱃돈은 부모님한테?" 이제 NO!

🔑 **keyword 찾아보기!** 세뱃돈, 관리, 계좌, 금융 서비스

여러분은 설날에 받은 세뱃돈을 어떻게 사용하나요? 가지고 싶은 물건을 사기 위해 세뱃돈을 저축하기도 하고 부모님께 맡겨 두었다가 나중에 돌려받는 경우도 있을 텐데요, 요즘에는 스스로 돈을 관리하는 청소년들이 많아졌어요.

'우리은행'의 조사에 따르면, 청소년 10명 중 8명은 세뱃돈을 자신의 은행 계좌에 넣어 놓고 사용한다고 답했어요. "엄마, 아빠가 관리해 줄게."라는 부모님의 말씀이 더 이상 통하지 않게 된 것이지요.

이런 변화에 따라 많은 은행들이 어린이와 청소년을 위한 금융 서비스를 내놓고 있어요. 예를 들어, A 은행은 수수료 없이 돈을 보내거나 받을 수 있는 서비스를 제공하고 있고, 편의점이나 다이소처럼 어린이와 청소년이 자주 사용하는 곳에서 할인을 받을 수 있는 체크 카드도 만들었어요. 또, B 은행은 부모님이 자녀에게 용돈을 보낼 수 있고, 학교 급식 메뉴와 시간표도 확인할 수 있는 앱을 출시했어요.

이런 금융 서비스는 은행에 당장은 큰 이익이 되지 않을 수 있어요. 하지만 어릴 때부터 이용한 은행을 성인이 되어서도 계속 찾는 경우가 많기 때문에, 은행은 미래 고객 유치를 위한 투자 차원에서 어린이와 청소년을 위한 금융 서비스를 만들고 있는 것이랍니다.

여러분도 주체적인 금융 생활을 시작하기 위해 나에게 맞는 돈 관리 방법을 찾아보면 어떨까요?

꾸준한 돈 관리의 효과

어렸을 때부터 돈을 스스로 관리해 본 경험은 앞으로의 경제 생활의 토대를 쌓는 밑거름이 되어 줘요. 직접 계획을 세워 돈을 사용하고, 미래를 위해 저축을 하다 보면 나에게 꼭 필요한 것과 단순히 내가 원하는 것이 어떤 것인지를 구별할 수 있어요. 또, 저축을 통해 돈이 모이는 기쁨과 동시에, 계획 없이 쓰면 힘들게 모은 돈이 금방 사라지는 아쉬움도 깨달을 수 있지요. 혹시 스스로 저축을 시작하는 것이 어렵다면 청소년을 위한 금융 서비스를 활용해 보는 것도 도움이 될 수 있어요. 스마트폰으로 내가 돈을 얼마나 사용하고 저축했는지 쉽게 확인할 수 있고, 하루나 한 달 동안 사용할 금액을 미리 정해 놓을 수 있어서 과소비를 예방할 수도 있답니다. 이렇게 어릴 때부터 돈을 직접 관리하다 보면 어른이 되어서도 현명하게 경제 활동을 해 나갈 수 있어요.

유치: 행사나 사업 등에 끌어 들임
토대: 어떤 일의 밑바탕이 되는 기초
과소비: 돈을 지나치게 많이 써서 없앰
예방: 어떤 일이 일어나기 전에 미리 대처해 막음
현명: 어질고 슬기로워 올바르게 판단함

 옳지 <u>않은</u> 것 고르기

① 청소년 10명 중 8명은 부모님께 세뱃돈을 맡기고 있다.

② 청소년을 위한 금융 서비스 제공이 점점 늘어나고 있다.

③ 어린 시절부터 이용한 은행을 어른이 되어서도 찾는 경우가 많다.

④ 금융 서비스 앱을 통해 부모님이 자녀에게 용돈을 보낼 수 있고, 학교 급식 메뉴와 시간표도 확인할 수 있다.

1 나의 세뱃돈 사용 스타일은?

Q 세뱃돈을 받은 후, 나는 어떻게 행동하는지 화살표를 따라 선택해 보세요. 그리고 나만의 이유가 있다면 추가로 써 보세요.

A

명절에 세뱃돈을 받으면 나는?

→ 부모님께 맡긴다. 그 이유는?
- 나는 돈을 흥청망청 쓸 때가 있기 때문이다.
- 부모님께서 나 대신 저축 또는 투자를 해 주시기 때문이다.
- _____

→ 내가 직접 관리한다. 그 이유는?
- 이미 내 은행 계좌가 있기 때문이다.
- 내가 가지고 싶은 물건을 사기 위해서이다.
- _____

2 O / X 퀴즈

Q 다음 문장을 읽고 맞으면 O, 틀리면 X에 표시해 보세요.

A (1) 스스로 돈을 관리하는 청소년들이 점점 줄고 있다. ☐O ☐X

(2) 편의점과 다이소에서 할인을 받을 수 있는 체크 카드를 만든 은행이 있다. ☐O ☐X

(3) 어린이와 청소년을 위한 금융 서비스는 은행에 당장 큰 이익이 된다. ☐O ☐X

(4) 직접 계획을 세워 돈을 사용하고, 저축을 하다 보면 나에게 꼭 필요한 것과 단순히 내가 원하는 것이 어떤 것인지를 구별할 수 있다. ☐O ☐X

3 생각 펼치기: 내가 만드는 금융 서비스

Q 여러분이 만약 은행 직원이라면 청소년을 위해 어떤 금융 서비스를 만들고 싶나요? 만들고 싶은 금융 서비스를 선택하거나 새로 추가하고, 그 이유를 써 보세요.

❶ 좋아하는 음식을 더 많이 먹을 수 있도록 월 1회 좋아하는 음식 쿠폰을 무료로 제공하는 서비스
❷ 저축한 돈을 더 많이 불릴 수 있도록 게임을 통해 이자율을 올려 주는 서비스
❸ 똑똑한 금융 활동을 할 수 있도록 각종 유용한 금융 정보를 알려 주는 서비스
❹ _____

A 저는 ___번 금융 서비스를 만들고 싶어요. 그 이유는 _____
_____
_____ 때문이에요.

티끌 모아 운동화

 keyword 찾아보기!   용돈, 저축, 습관, 소비, 계획, 목표

"용돈을 한꺼번에 다 쓰지 말고, 어느 정도는 모아야 해."
"저축하는 습관을 들여서 나중에 원하는 것을 사렴."

세계에서 손꼽히는 부자이지만 검소하기로 유명한 워런 버핏(Warren Buffett) 또한 "작은 돈을 아껴야 큰 돈도 지킬 수 있다."라고 말했어요. 이처럼 우리는 돈을 모으는 것이 중요하다는 말을 많이 들었을 텐데요, 그렇다면 어떻게 하면 돈을 잘 모으면서 올바른 소비를 할 수 있을까요? 이 질문에 대한 답은 바로 여러분의 마음가짐과 계획에 있답니다.

돈을 잘 모으기 위해서는 우선 저축을 하면서 재미와 보람을 느끼는 것이 중요해요. 구체적인 목표 없이 돈을 모으기만 하면 결승선이 없는 달리기를 하는 것처럼 느껴질 수 있어요. 따라서 내가 무엇을 사고 싶은지, 그것을 사기 위해 얼마가 필요한지 먼저 생각하고, 부모님이나 친구와 함께 이야기하며 구체적인 목표를 세워 보세요.

처음에는 추상적이고 어려운 목표보다는 친구 생일 선물이나 게임기 사기처럼 비교적 쉽게 달성할 수 있는 목표를 정하는 것이 좋아요. 또, 단기(짧은 기간), 중기(중간 기간), 장기(긴 기간) 목표별로 저축 기간을 나누어 계획을 세우면 목표 달성률이 올라간답니다! 매달 받는 용돈의 15~20 %는 먼저 저축하고, 나머지 돈으로 소비하는 '선저축 후소비' 습관을 들이는 것도 추천해요.

기간 \ 구분	목표 금액	저축 기간	저축 목표
단기	3만 원	3개월	피자 먹기
중기	6만 원	6개월	운동화 사기
장기	12만 원	12개월	콘서트 가기

여러분은 어떤 목표를 이루기 위해 저축하고 싶나요?

더 알아보기
저축, 우리를 지켜 주는 든든한 보호막

저축은 원하는 물건을 사기 위해서만 필요한 것이 아니에요. 예상하지 못한 일이 생겼을 때를 **대비**하는 것도 저축의 중요한 목적 중 하나예요. 예를 들어, 갑자기 몸이 안 좋아져서 병원에 가야 하는데 당장 가지고 있는 돈이 없다면 병원비를 내기 어려울 수 있어요. 하지만 미리 돈을 저축해 둔 사람은 이런 상황에서도 돈 걱정 없이 치료를 받을 수 있는 것이지요. 이처럼 저축은 예상치 못한 어려움을 이겨 낼 수 있도록 우리를 지켜 주는 든든한 보호막이 되어 준답니다. 꼭 큰 돈이 아니라 100원, 1,000원씩이라도 좋으니 저금통이나 은행 계좌에 차곡차곡 모아 보세요!

검소: 필요 이상의 돈을 쓰지 않음
구체적: 어떤 것을 명확하고 자세하게 설명함
추상적: 눈에 실제로 보이지 않는 어떠한 것
대비: 무엇에 대응하기 위해 미리 준비함

 옳지 <u>않은</u> 것 고르기

① 저축 목표를 세울 때 첫 시작은 비교적 쉽게 달성할 수 있는 목표로 정하면 좋다.
② 단기 저축 계획은 짧은 기간을 목표로 세우는 계획이다.
③ 선저축 후소비 습관을 가지는 것이 중요하다.
④ 저축은 용돈의 전부인 100 %를 해야만 한다.

1 나만의 저축 목표 세우기

Q 나의 단기 · 중기 · 장기 저축 목표를 세우고, 목표를 이루고 난 후의 모습을 그려 보세요.

A

기간 \ 구분	목표 금액	저축 기간	저축 목표
단기			
중기			
장기			

〈목표를 이루고 난 후의 모습〉

2 사다리 타기 퀴즈

Q 사다리를 타고 내려 간 곳에 알맞은 답을 써 보세요.

A
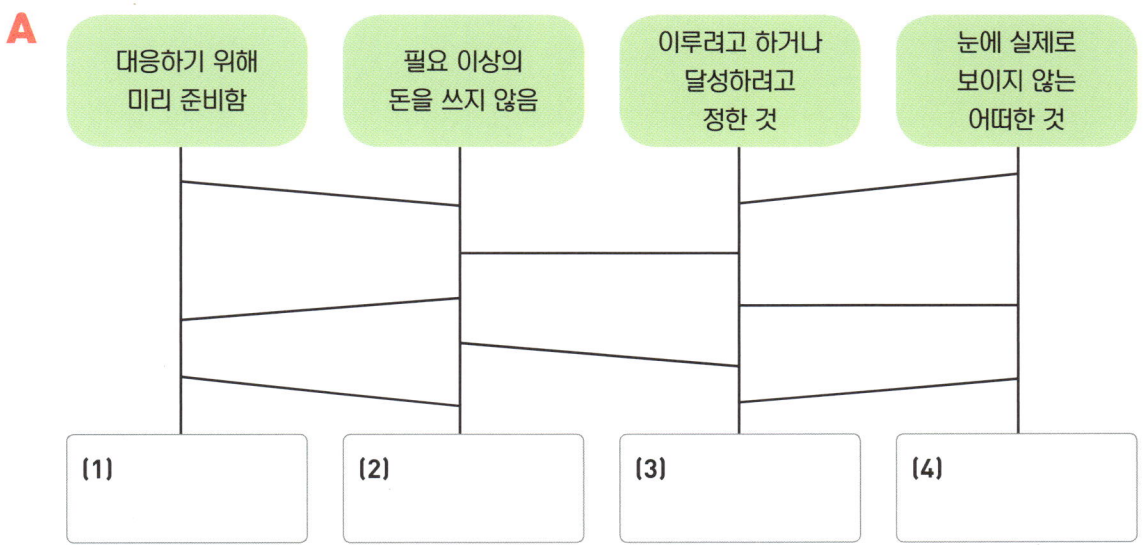

3 생각 펼치기: 다른 선택, 다른 결과

Q 저축을 열심히 하는 사람과 그렇지 않은 사람은 어떤 차이가 있을까요? 여러분의 생각을 써 보세요.

A
저축을 열심히 하는 사람은 _____
_____ 할 수 있어요.

하지만 저축을 열심히 하지 않은 사람은 _____
_____ 할 수 없어요.

용돈을 똑똑하게 쓰는 법!

 keyword 찾아보기!   한정, 용돈, 포기, 선택, 기회비용, 합리적

학교가 끝나고 집에 가는 길에 아이스크림을 먹을지, 스티커를 살지 고민해 본 적이 있나요? 사고 싶은 것과 하고 싶은 것이 많을수록 한정된 용돈을 어떻게 쓸지 잘 생각해 봐야 해요.

아이스크림을 먹으면 시원하고 맛있지만, 스티커를 사지 못해 아쉬울 수 있어요. 반대로 스티커를 사면 예쁜 스티커를 모아 공책을 꾸밀 수 있지만, 맛있는 아이스크림은 포기해야 하지요. 이렇듯 어떤 것을 선택하기 위해 다른 것을 포기해야 하는 상황이 생길 수 있어요.

이럴 때는 기회비용을 생각해 보면 더 나은 선택을 할 수 있어요. 기회비용이란 무언가를 선택했을 때 포기하게 되는 것의 가치를 말해요.

예를 들어, 아이스크림과 스티커의 가격이 같고 아이스크림을 먹었을 때의 만족감이 80 %, 스티커를 샀을 때의 만족감이 90 %라면, 스티커를 사는 것이 더 합리적인 선택이랍니다. 왜냐하면 아이스크림을 선택했을 때보다 스티커를 선택했을 때 느끼는 만족감이 더 크기 때문이에요. 즉, 아이스크림을 포기했을 때 기회비용이 더 적게 드는 것이지요.

이처럼 용돈을 똑똑하게 쓰려면 기회비용을 따져 보고 무엇을 선택할지 고민해 보는 습관이 필요해요. 이런 습관을 잘 들여 용돈을 쓴다면 후회 없는 선택을 할 수 있겠지요?

더 알아보기

무한하지 않은 돈과 시간

우리가 용돈을 잘 관리해야 하는 이유는 가지고 있는 돈이 무한하지 않기 때문이에요. 돈이 무한하다면 사고 싶은 것을 다 살 수 있겠지만, 실제로 우리가 사고 싶은 것을 다 사버리면 그 다음에 쓸 돈이 남아 있지 않겠지요? 시간도 마찬가지예요. 하루 24시간을 마음대로 늘릴 수 없으니, 공부도 하고 놀기도 하면서 주어진 시간을 효율적으로 써야 하지요. 돈과 시간이 가지고 있는 희소성 때문에 우리는 항상 선택을 해야 해요. 그럴 때는 기회비용을 생각하며 우선순위를 정해야 한답니다. 가장 하고 싶은 것부터 순위를 정한 후, 어떤 것을 선택하고 어떤 것을 포기할 것인지 결정하면 더 나은 선택을 할 수 있어요. 돈과 시간을 알차게 쓰기 위해 생활 속에서 기회비용을 생각하며 합리적인 선택을 해 보세요!

한정: 수나 양이 일정한 범위 안에서 정해져 있어 더 이상 많아지거나 늘어날 수 없음
포기: 하려던 일을 도중에 그만두어 버림
합리적: 감정적이거나 무리한 판단을 피하고, 현실적이고 효율적인 방법을 선택함

무한: 수량이나 공간, 시간에 한계가 없음
희소성: 어떤 것이 많지 않고 드물거나 한정되어 있어 귀한 상태

① 우리가 가진 돈과 시간은 무한하다.
② 기회비용이란 우리가 선택한 것의 가치이다.
③ 기회비용을 생각하면 더 합리적인 선택을 할 수 있다.
④ 돈과 시간이 가지고 있는 희소성 때문에 우리는 선택을 하지 않아도 된다.

생각해요

1 일상에서 찾아보는 기회비용

Q 아래의 상황에서 내가 원하는 한 가지를 선택하고, 그 선택이 더 만족스러운 이유를 써 보세요.

A (1) 주말에 친구와 축구를 할지, 집에서 책을 읽을지 고민이야!

축구하기 □   독서하기 □

저는 _____를 선택하는 것이 더 만족스러워요. 그 이유는 _____ 때문이에요.

(2) 할머니께서 용돈을 많이 주셨어! 이 돈으로 무엇을 할까?

게임기 사기 □   저축하기 □

저는 _____를 선택하는 것이 더 만족스러워요. 그 이유는 _____ 때문이에요.

2 내가 만드는 핵심 문장!

Q 〈보기〉에 있는 단어를 모두 사용해서 문장을 만들어 보세요.

A
> 보기 돈, 시간, 희소성, 선택, 기회비용

3 생각 펼치기: 일주일 용돈 기입장 쓰기!

Q 일주일 동안 쓴 돈에 대해 용돈 기입장에 써 보세요. 내가 주로 어디에 돈을 많이 썼는지, 얼마나 절약했는지를 확인해 보고, 앞으로의 소비와 저축에 관한 나의 다짐도 써 보세요.

A

_____의 용돈 기입장

날짜	내용	들어온 돈	나간 돈	남은 돈
	합계			

나의 다짐: _____

똑똑한 경제 습관 77

나, 너, 우리에게 도움을 주는 '기부'

 keyword 찾아보기!   후원, 모금, 도움, 기부, 봉사, 발전

여러분은 TV에서 아프리카 난민을 돕자는 후원 요청 광고나, 연말이 다가올 때 거리에서 구세군 자선냄비 모금 활동을 본 적이 있나요? 이처럼 어려운 사람이나 도움이 필요한 사람에게 돈이나 물건 등을 나누어 주는 활동을 '기부'라고 해요. 우리가 가진 것의 일부를 나누는 따뜻한 실천이지요.

기부는 여러 가지 방법으로 이루어지고 있어요. 입지 않는 옷이나 헌책을 나눔하거나 의사 선생님이 의료 봉사에 참여해 약을 주고 치료를 해 주는 것도 기부예요. 또, 사회복지 시설에서 어르신들과 이야기하며 외로움을 덜어 드리거나, 자신이 가진 체육기구를 학교나 기관에 전달하는 것 역시 기부라고 할 수 있어요.

그렇다면 기부는 받는 사람만을 위한 것일까요? 사실은 기부를 하는 사람도 자신의 행동을 통해 큰 행복을 느낄 수 있어요. 국제 연합(UN)의 자문 기구인 지속가능발전해법네트워크(SDSN)에서 발표한 '세계행복보고서'에 따르면, 많은 돈을 가진 사람보다 다른 사람을 도울 수 있는 사람이 더 큰 행복을 느낀다고 해요.

기부를 통한 나눔이 활발한 사회는 서로를 믿고 도우며, 사회 전체를 따뜻하고 튼튼하게 만들어 나라의 발전에도 도움을 줄 수 있답니다.

기부로도 얻을 수 있는 기쁨, '효용'

'효용'은 우리가 돈을 쓰거나 물건을 사면서 느낄 수 있는 만족감을 뜻해요. 하지만 경제학자들은 꼭 물건을 사지 않아도 효용을 느낄 수 있다고 말해요. 지하철에서 어르신께 자리를 양보하거나 몸이 불편한 친구의 짐을 대신 들어 주며 뿌듯함을 느낀 적이 있나요? 또, 작아진 옷을 필요한 사람에게 기부하면서 보람을 느낀 적은요? 누군가를 돕고 내가 가진 것을 나누면서 느끼는 기분 좋은 감정이 바로 효용이에요. 기부를 하면 누군가를 위하는 마음에서 한 행동이 나의 마음까지도 따뜻하게 해 준다는 것을 알 수 있답니다.

난민: 전쟁, 자연재해, 정치적 문제 등으로 인해 자기 나라를 떠나 다른 나라로 몸을 피한 사람들
후원: 돈이나 물건을 지원해 주거나 도움
구세군: 어려운 사람들을 돕기 위해 활동하는 국제적인 자선 단체

국제 연합: 세계 여러 나라가 모여 평화와 인권을 지키고 협력하기 위해 만든 국제 기구
자문: 어떤 일을 더 바르게 처리하기 위해 전문적인 지식을 가진 사람이나 기관에 의견을 물음

 옳지 않은 것 고르기

① 기부는 어려운 사람이나 도움이 필요한 사람에게 돈이나 물건 등을 나누어 주는 활동이다.

② 다른 사람을 도울 수 있는 사람보다 많은 돈을 가진 사람이 항상 더 큰 행복을 느낀다.

③ 기부는 사회 전체를 따뜻하고 튼튼하게 만들어 나라의 발전에도 도움을 줄 수 있다.

④ 기부에는 물품 나눔, 의료 봉사 등 여러 가지 방법이 있다.

1 보통의 사람들도 할 수 있는 '기부'

Q 기부는 돈이 아주 많은 사람만 할 수 있는 것도 아니고, 특별하게 착한 사람만 하는 것도 아니에요. 인터넷이나 책을 통해 다른 기부 사례를 찾아본 후, 빈칸에 그림을 그리고 설명을 써 보세요.

A

초등학교 1학년 때부터 6학년 때까지 5년 연속으로 돈을 기부한 초등학생

고향의 대학교에 약 40억 원에 달하는 6층 건물을 기부한 할머니

세상을 떠난 아들이 책을 읽던 모습을 떠올리며 36년간 도서관 375곳을 만든 할아버지

2 숨은 단어를 찾아라!

Q 주제와 관련된 단어들을 찾아 보세요.

A

주제 기부

도	매	가	부	표	행	호
개	움	시	격	라	복	기
봉	숙	재	효	용	지	아
두	나	눔	고	연	레	스

3 생각 펼치기: 내가 실천하는 작은 기부

Q 돈과 물건을 나누는 것뿐만 아니라 시간과 재능을 나누는 것도 기부가 될 수 있어요. 내가 실천해 보고 싶은 작은 기부에는 어떤 것이 있는지 써 보세요.

A

저는 _____ 기부를 하고 싶어요. 그 이유는 _____
_____
_____ 때문이에요.

 소개해요

1 <저축 달리기> 만들기
만들기 도안 151쪽

만들기 영상 바로가기!

 꾸준한 저축 달리기로 저축왕이 되어 볼까요?

<만들기 전 체크>
1. 도안 속 10개의 네모 칸에 계획한 저축 목표 금액 쓰기
2. 금액을 작성한 네모 칸 위에 목표 달성 시 나에게 주는 선물 3가지 이상 쓰기
3. 꽃 모양 칸에 돈을 모으기 위한 저축 습관 3가지 쓰기
4. 도안 속 인물의 얼굴을 꾸미고 저축 다짐 문구 적기

 순서에 따라 만들며 재미있게 저축 목표를 세워 보세요!

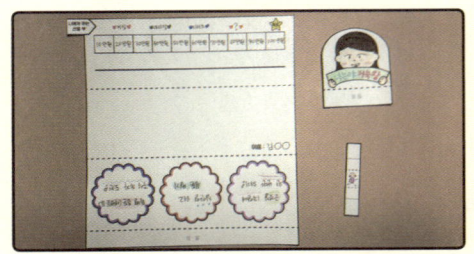

❶ 내가 원하는 색칠 도구로 도안을 색칠한 뒤 가위로 오려요.

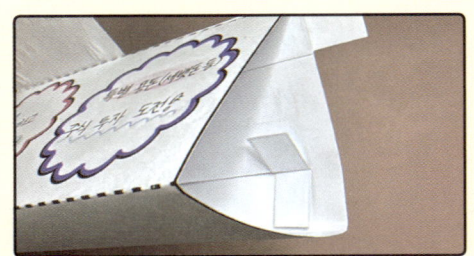

❷ 도안을 세로로 반 접어서 가로선을 따라 가위로 오려요.

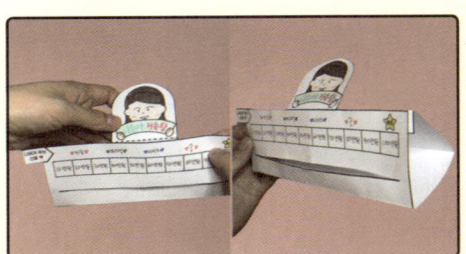

❸ 도안의 뒷면 위쪽에 인물을 붙인 뒤 삼각형 모양으로 접어 풀칠해요.

❹ 달리는 캐릭터를 접어서 가로선 사이에 끼워 넣어 작품을 완성해요.

단원마무리

만들기 도안 153쪽

2 <무엇을 선택할까?> 만들기

만들기 영상 바로가기!

 가족과의 캠핑 VS 친구들과의 생일 파티, 나의 선택은?

〈만들기 전 체크〉
1. 도안에 캠핑을 선택한 이유와 캠핑을 선택했을 때의 기회비용 쓰기
2. 도안에 생일 파티를 선택한 이유와 생일 파티를 선택했을 때의 기회비용 쓰기
3. 다양한 색으로 도안 꾸미기

 순서에 따라 만들며 합리적인 소비에 대해 생각해 보세요!

❶ 내가 원하는 색칠 도구로 도안을 색칠한 뒤 가위로 오려요.

❷ 캠핑, 생일 파티 도안을 반으로 접어 뒷면을 풀칠해 막대처럼 만들어요.

❸ 회색 부분에 풀칠해 쇼핑 카트의 위·아래 도안을 서로 붙여요.

❹ 완성된 쇼핑 카트 안에 캠핑, 생일 파티 막대를 넣어 완성해요.

똑똑한 경제 습관 83

PART 4

생활 속 경제 이야기

01 '못난이'도 잘 팔려요!
02 K-푸드, 전 세계에서 주목받다!
03 디저트 가게 열풍의 끝은?
04 시장에 가면~
05 롤러코스터와 같은 집값의 비밀

'못난이'도 잘 팔려요!

keyword 찾아보기! 가격, 못난이 농산물, 품질, 농가

주말에 장을 보러 간 A씨는 사과 가격을 보고 깜짝 놀랐어요. 작년에 비해 무려 20 %나 비싸게 판매하고 있었기 때문이에요. 가격에 부담을 느낀 A씨는 이른바 '못난이 사과'로 눈길을 돌렸어요.

못난이 농산물은 모양이 조금 못생겼을 뿐, 맛이나 신선도, 영양 등의 품질은 일반 농산물과 거의 똑같아요. 게다가 가격은 훨씬 더 저렴하지요. "보기에는 못생겼어도 맛은 다 똑같아요."라는 마트 점원의 말에 A씨는 못난이 사과를 사기로 했어요.

이처럼 치솟은 농산물 가격에 부담을 느낀 사람들이 못난이 농산물을 찾자, 대형 마트는 원래 가끔씩만 운영하던 못난이 농산물 코너를 상시적으로 운영하기 시작했어요. 또, 아예 못난이 농산물만 전문으로 파는 업체도 생겨났지요.

이상 기후 때문에 예쁘게 자라지 못한 농산물이 예전에는 버려지거나 팔리지 않아 농부들의 걱정거리였어요. 하지만 요즘에는 못난이 농산물을 찾는 사람들이 늘어나면서 농가 소득에 큰 도움이 되고 있어요. 고구마를 키우는 농부 B씨는 "올해는 사람들이 못난이를 많이 사 줘서 참 다행이에요. 버려지는 농산물도 줄고, 농가도 덕분에 살아나고 있답니다."라고 말했어요.

매끈매끈 예쁜 모양새를 가진 농산물도 좋지만, 가격이 저렴하면서 맛도 좋고 농가에 도움을 주는 못난이 농산물! 한번 먹어 보고 싶은 마음이 들지 않나요?

상품의 가격은 어떻게 정해질까요?

상품의 가격은 '수요와 공급'에 따라 결정돼요. 수요란 상품을 사고 싶어 하는 마음, 공급은 상품을 팔고 싶어 하는 마음이에요. 보통 수요가 공급보다 많으면 가격이 올라가고, 공급이 수요보다 많으면 가격이 내려가요. 예를 들어, 사과를 사고 싶은 사람이 많은데 팔고 싶은 사람은 적다면(수요＞공급) 사과 가격은 올라가요. 사과를 사고 싶은 사람들은 비싼 가격에도 사과를 사려고 할 것이기 때문이지요. 반대로, 사과를 사고 싶은 사람은 적고 팔고 싶은 사람이 많다면(수요＜공급) 사과 가격은 내려가요. 사과가 팔리지 않아서 남는 것보다 저렴한 가격에라도 남김 없이 사과를 파는 것이 더 이익이 되기 때문이지요. 이처럼 상품의 가격은 수요와 공급의 균형에 따라 결정된답니다.

품질: 물건의 성질과 바탕
치솟다: 위쪽으로 힘차게 솟음
상시적: 늘 있는 것

이상 기후: 기온이나 강수량 등이 정상적인 상태를 벗어난 상태
농가: 농사를 하는 가정
소득: 일한 결과로 얻은 이익

 옳은 것 고르기

① 못난이 농산물은 일반 농산물보다 가격이 비싸다.

② 못난이 농산물을 구입하기 위해서는 반드시 전통 시장에 가야 한다.

③ 못난이 농산물은 모양이 못생겨서 일반 농산물에 비해 맛과 품질이 떨어진다.

④ 못난이 농산물이 예전에는 버려지거나 팔리지 않았지만 요즘에는 찾는 사람들이 늘어나면서 농가 소득에 큰 도움이 되고 있다.

생각해요

1 밸런스 게임: '예쁜 사과 VS 못난이 사과', 나의 선택은?

Q 여러분이라면 모양이 예쁜 사과와 못난이 사과 중 어떤 것을 선택할 것인가요? 그 이유도 함께 써 보세요.

〈예쁜 사과파〉

보기 좋은 떡이 먹기도 좋다!
맛과 품질이 비슷하다면
모양이 예쁜 사과를
추천해!

〈못난이 사과파〉

겉모습만 보고 판단하면 안 돼!
맛과 품질이 비슷하다면
가격이 저렴한 못난이 사과를
추천해!

A 저는 _____ 를 선택할 것이에요. 그 이유는 _____
_____
_____ 때문이에요.

2 숨은 단어를 찾아라!

Q 주제와 관련된 단어들을 찾아 보세요.

A

주제 못난이 농산물

농	으	스	위	몰	성	우
서	가	규	보	시	구	품
아	지	적	장	초	차	질
도	이	상	기	후	두	과

3 생각 펼치기: 내 이름을 지어줘!

Q 사진 속 못난이 농산물 중 1가지를 골라 더욱 잘 팔릴 수 있도록 새로운 이름을 짓고, 설명을 써 보세요.

A

[출처: OpenAI]

내가 고른 농산물: _____

새로운 이름: _____

설명: _____

_____

_____

생활 속 경제 이야기 **89**

K-푸드, 전 세계에서 주목받다!

 keyword 찾아보기! 　한식, 수출, SNS, K-푸드, 현지화

여러분은 '해외에서 인기 있는 한식'하면 무엇이 떠오르나요? 밥에 여러 가지 나물과 고추장을 넣어 비벼 먹는 비빔밥, 매콤한 양념으로 발효시킨 김치를 떠올리는 친구가 많을 것이에요. 그런데 이런 전통 한식뿐만 아니라 우리나라에서 만든 과자와 음료도 전 세계에서 큰 인기를 끌고 있다고 해요.

우리나라 음식은 미국, 중국, 일본 등 여러 나라로 수출되고 있어요. 특히, 미국에서는 라면과 냉동 김밥이 인기가 많은데, 이는 SNS에서 먹방(먹는 방송)으로 소개된 덕분이에요. 또한, K-팝과 K-드라마처럼 우리 문화를 사랑하는 외국인들이 늘어나면서 최근 우리나라 과자와 음료의 수출액이 2조 원을 넘어섰어요.

K-푸드가 세계적으로 사랑받을 수 있도록 우리 기업들도 다양한 노력을 하고 있어요. 식품 제조 기업 '롯데웰푸드'는 글로벌 인지도를 높이기 위해 인기 걸그룹을 모델로 한 광고를 만들었어요. 이 광고는 미국 뉴욕의 타임스퀘어와 LA, 베트남의 호찌민 등에서 소개되었지요.

글로벌 제과 기업 '오리온'은 해외에 '초코파이' 공장을 세우고, 각 나라의 취향에 맞는 제품을 개발하는 현지화 전략을 세웠어요. 날씨가 덥고 습한 베트남에서는 초콜릿이 쉽게 녹지 않는 초코파이를 만들었고, 잼을 즐겨 먹는 러시아에서는 과일 잼이 들어간 초코파이를 선보였어요.

농림축산식품부 관계자는 "K-푸드의 인기가 지속될 수 있도록 수출 지원을 이어가겠다."라고 말했어요. K-푸드가 세계적으로 더 많은 사람들에게 소개될 수 있도록 우리 모두 관심을 가지고 응원해 봐요!

더 알아보기

세계를 강타한 '불닭볶음면 챌린지'

'불닭볶음면'을 만드는 기업 '삼양식품'이 2024년 미국 **알파세대**가 가장 좋아하는 브랜드로 선정되었어요. 그 이유 중 하나는 SNS에서 '아주 매운 불닭볶음면 먹기 **챌린지**(fire noodle challenge)'가 유행했기 때문이에요. 많은 사람들이 불닭볶음면을 먹고 매운맛을 참는 챌린지에 참여하면서 불닭볶음면이 전 세계적으로 더욱 유명해진 것이지요. 이처럼 SNS 챌린지는 단순한 놀이를 넘어 하나의 문화로 자리 잡고 있어요. 챌린지를 통해 상품의 브랜드 인지도와 판매량이 모두 크게 증가하는 등 경제적인 효과를 얻을 수 있어 기업들은 챌린지를 자연스러운 홍보 수단으로 활용하고 있답니다.

발효: 곰팡이, 세균, 효모 등 미생물에 의해 유기물이 변화되는 것
SNS: Social Network Service(소셜 네트워크 서비스)의 줄임말로, 사람들과 온라인에서 소통할 수 있는 서비스
인지도: 어떤 사람이나 물건을 알아보는 정도

현지화: 현지의 상황이나 문화에 맞게 바뀜
알파세대: 2010년대 초반부터 2020년대 중반에 태어난 세대
챌린지: 특정한 목표나 미션을 수행하는 도전 활동

 옳지 않은 것 고르기

① 최근 우리나라 과자와 음료의 수출액이 2조 원을 넘어섰다.
② SNS 챌린지는 단순한 놀이를 넘어 하나의 문화로 자리 잡고 있다.
③ 우리나라가 만든 과자, 음료, 라면 등이 해외에서 큰 인기를 얻고 있다.
④ 농림축산식품부 관계자는 한국 내에서 음식을 소비하기 위해 K-푸드 수출을 지원하지 않겠다고 말했다.

1 K-라면 수출을 늘려라!

Q K-라면의 해외 판매량을 늘리기 위한 나만의 광고 또는 챌린지를 만들어 보세요.

A 　　　　　　　　힌트 라면의 재료, 맛, 장소, 상황 등을 활용해 보세요.

2 내가 만드는 핵심 문장!

Q 〈보기〉에 있는 단어를 모두 사용해서 문장을 만들어 보세요.

A
> 보기   K-푸드, SNS, 수출, 현지화

3 K-푸드, 다음 주인공은 나야 나!

Q 김밥, 라면, 김치 등 이미 해외에서 인기를 얻고 있는 음식 이외에 내가 외국인들에게 추천해 주고 싶은 K-푸드에는 어떤 것이 있는지 써 보세요.

A
외국인들에게 _____ 을/를 추천해 주고 싶어요.

그 이유는 _____

_____

_____ 때문이에요.

디저트 가게 열풍의 끝은?

keyword 찾아보기! 폐업, 창업, 매출, 업종

여러분은 요즘 어떤 디저트를 좋아하나요? 흑당 버블티, 두바이 초콜릿처럼 한때 SNS에서 인기를 끌었던 디저트들이 있었어요. 하지만 지금은 그 인기가 많이 줄어들었어요. 특히, 초등학생들 사이에서 엄청난 인기를 끌었던 과일 디저트 가게가 우수수 폐업을 하고 있다고 하는데요, 그 이유를 알기 위해 경기도 수원에서 가게를 운영하는 A씨를 인터뷰해 보았습니다.

Q 안녕하세요! 혹시 과일 디저트 가게를 시작하게 된 계기가 무엇인가요?

A 해외 여행 중에 먹어 본 과일 디저트가 너무 맛있어서 한국에서도 판매하면 잘 되겠다고 생각했어요. 이직을 결심하고 있던 차에 적은 돈으로도 창업이 가능하다는 말을 듣고 디저트 가게를 오픈했지요.

Q 가게는 잘 운영되고 있나요?

A 처음에는 손님이 많았지만, 1년쯤 지나자 점점 줄었어요. 매출도 많이 떨어졌고요.

Q 가게 운영에 있어서 어떤 점이 가장 어렵나요?

A 식재료비, 로열티, 인건비, 임대료 등 가게 운영에 드는 돈이 너무 많아요. 이런 비용을 다 내고 나면 남는 돈이 거의 없어서 오히려 직장에 다닐 때보다 벌이가 더 적을 때도 있어요.

이처럼 유행에 따라 우후죽순 생긴 가게들은 상품의 인기가 떨어지면 금방 문을 닫게 되는 경우가 많아요. 그래서 창업을 준비할 때는 업종을 신중하게 고르는 것이 중요해요.

창업, 나만의 가게를 열어요!

창업은 새로운 사업으로 회사를 차리거나 가게를 시작하는 것을 말해요. 큰 회사를 세우는 것뿐만 아니라, 우리 동네에 작은 가게를 여는 것도 창업이에요. 내가 좋아하는 일이나 잘하는 일을 창업과 연결하여 돈을 벌 수 있는 기회로 삼을 수도 있어요. 예를 들어, 그림 그리기를 좋아하는 사람은 직접 만든 엽서와 같은 굿즈를 파는 가게를 열 수 있지요. 또, 빵을 맛있게 굽는 사람은 빵집을 차릴 수도 있고요. 창업을 할 때는 내가 오랫동안 즐겁게 할 수 있는 일인지, 판매하고자 하는 상품이 사람들에게 꾸준한 인기를 끌 수 있을지 살펴봐야 해요. 그리고 나의 가게가 다른 가게들과는 차별되는 특별한 점은 무엇인지 등을 꼼꼼히 따져 보고 신중하게 결정하는 것이 중요하답니다.

 어휘쏙쏙

폐업: 사업이나 가게를 그만두고 문을 닫음
계기: 어떤 일이 일어나도록 만드는 원인, 기회
이직: 직장을 옮기거나 직업을 바꿈
창업: 새로운 사업이나 가게를 시작하는 것
로열티: 특정 브랜드, 기술, 상표 등을 사용할 때 내는 비용

인건비: 사람이 일을 한 것에 대해 주는 비용
임대료: 건물이나 땅을 빌릴 때 내는 돈
우후죽순: 어떤 일이나 현상들이 동시에 일어나는 것을 비유적으로 이르는 말
업종: 직업이나 사업, 가게의 종류

 옳은 것 고르기

① 가게를 운영하면서 드는 비용은 인건비뿐이다.

② 디저트 가게를 창업하려면 항상 돈이 많이 필요하다.

③ 디저트 가게를 차리기만 하면 무조건 높은 매출을 올릴 수 있다.

④ 유행에 따라 생긴 가게들은 상품의 인기가 떨어지면 금방 문을 닫게 되는 경우가 많다.

생활 속 경제 이야기

1 우리 동네에서 오랫동안 인기 있는 상품은?

Q 우리 동네에서 유행을 타지 않고 오랫동안 인기 있는 상품을 떠올려 보세요. 빈칸에 떠오른 상품의 이름을 쓰고, 그림을 그려 보세요.

A

김밥	

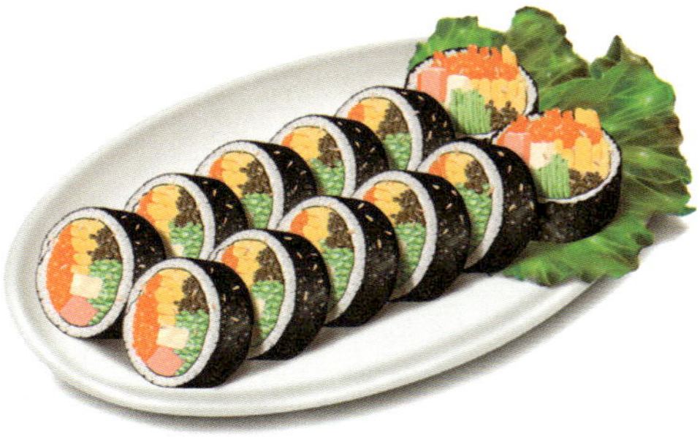

2 O / X 퀴즈

Q 다음 문장을 읽고 맞으면 O, 틀리면 X에 표시하세요.

A
(1) 가게 운영에는 식재료비, 로열티, 인건비, 임대료 등 많은 비용이 든다. [O] [X]

(2) 창업을 준비할 때는 신중하게 업종을 고르는 것이 중요하다. [O] [X]

(3) 큰 회사를 세우는 것만이 창업이다. [O] [X]

(4) 내가 좋아하는 일이나 잘하는 일을 창업과 연결해 돈을 벌 수 없다. [O] [X]

(5) 창업을 할 때는 나의 가게가 다른 가게들과 차별되는 특별한 점은 무엇인지 꼼꼼히 따져 봐야 한다. [O] [X]

3 생각 펼치기: 창업 아이디어 생각해 보기

Q 여러분이 창업을 해서 가게를 연다면 어떤 물건이나 서비스를 팔고 싶나요? 우리 동네에서 장사가 잘 될 것 같은 가게를 떠올리고, 그렇게 생각한 이유도 써 보세요.

A
우리 동네에 가게를 연다면 _____ 을/를 팔고 싶어요. 그 이유는 _____ _____ _____ 때문이에요.

시장에 가면~

 keyword 찾아보기! 온라인 시장, 주식 시장, 노동 시장

여러분은 '시장'이라고 하면 어떤 모습이 떠오르나요? 부모님과 함께 다녀온 전통 시장이나 대형 마트가 생각날 수도 있어요. 하지만 시장은 무엇을 사고파는지에 따라 여러 가지 형태로 우리의 생활 속에 자리 잡고 있답니다!

먼저 일상 속 필요한 물건을 사고파는 시장으로, 대형 마트와 전통 시장, 온라인 시장이 있어요. 대형 마트와 전통 시장은 직접 물건을 보고 사는 곳이에요. 반대로 온라인 시장은 물건을 직접 보지 않고도 스마트폰이나 컴퓨터만 있다면 시간과 장소에 상관없이 이용할 수 있어요. 예를 들어, 부산에서 만든 빵을 서울에 사는 사람이 밤 늦게 주문할 수 있는 것처럼요.

또 다른 시장으로 주식을 사고파는 '주식 시장'이 있어요. 주식이란 내가 투자한 회사에 대한 일정 부분의 소유권을 인정받는 증거예요. 사람들은 앞으로 더 성장할 것 같은 회사의 주식을 사요. 그 이유는 회사의 가치가 올라가면 주식을 더 비싼 값에 팔 수 있기 때문이에요. 또, 회사가 돈을 벌면 그 중 일부를 주식을 가진 사람에게 나누어 주는 배당에도 관심을 가지고 있기 때문에 주식을 사는 것이지요.

 마지막으로는 사람들이 일할 수 있는 능력, 즉 노동력을 사고파는 '노동 시장'이 있어요. 일자리를 찾는 구직자와 직원을 뽑으려는 회사가 만나는 곳이지요. 노동 시장에서 사람들은 자신의 시간과 능력을 제공할 수 있는 직장을 구하고, 회사는 자신들이 필요로 하는 능력을 가진 사람들을 채용해요.

이처럼 시장은 무엇인가를 사고팔고, 그에 따른 대가를 주고받는 곳이에요. 여러분은 어떤 시장을 이용해 본 적이 있나요? 우리 주변에는 또 어떤 시장이 있을까요?

나라별 돈을 바꾸는 곳! '외환 시장'

우리는 언제 다른 나라의 돈(외환)을 사용할까요? 바로 해외로 여행을 갈 때예요. 해외 여행지에서는 우리나라 돈이 아니라 그 나라의 돈으로 물건을 살 수 있어요. 또, 기업들이 다른 나라에 물건을 팔거나(수출), 다른 나라에서 물건을 사 올 때(수입)도 그 나라의 돈이 필요해요. 이렇게 다른 나라의 돈을 사고파는 시장을 '외환 시장'이라고 해요. 외환 시장에서는 '환율'을 통해 나라별 돈의 가치를 비교하고 교환할 수 있어요. 환율은 매일 달라질 수 있어서 그날그날 환율에 따라 바꿔야 하는 돈의 양이 달라질 수 있어요. 이처럼 외환 시장은 세계 여러 나라의 돈을 서로 연결해 주는 곳으로, 나라들 사이의 경제 활동에 꼭 필요한 역할을 하고 있답니다.

소유권: 어떠한 것을 가지고 있는 권리
증거: 어떤 사실을 증명할 수 있는 근거
노동: 몸을 움직여 일을 함

채용: 사람을 골라서 씀
대가: 어떤 일에 대한 값으로 치르는 돈 또는 노력을 통해 얻게 되는 결과

 옳은 것 고르기

① 일자리를 찾는 사람과 직원을 뽑으려는 회사가 만나는 곳을 외환 시장이라고 한다.

② 전통 시장은 시간과 장소에 상관없이 인터넷을 통해 물건을 사는 곳이다.

③ 사람들은 앞으로 더 성장할 것 같은 회사의 주식을 산다.

④ 외환 시장에서 환율은 고정되어 있다.

1 다양한 시장들 비교하기

Q 우리가 이용하는 시장들을 비교하며 각각의 특징을 빈칸에 써 보세요.

A

시장	특징
전통 시장	☞ 상인이 직접 물건을 팔면서 손님과 정겹게 이야기를 나누어요. ☞ ☞
대형 마트	☞ 카트를 밀면서 원하는 물건을 직접 보며 살 수 있어요. ☞ ☞
온라인 시장	☞ 많은 물건을 장바구니에 담아도 무겁지 않아요. ☞ ☞

2 초성 퀴즈

Q 문장을 읽으며 네모 칸 안에 있는 초성 퀴즈를 풀어 보세요.

A (1) ㅇ ㄹ ㅇ 쇼핑은 시간과 장소에 상관없이 이용이 가능하다.

(2) ㅈ ㅅ 이란 내가 투자한 회사에 대한 일정 부분의 소유권을 인정받는 증거이다.

(3) 노동 시장에서 사람들은 자신의 ㅅ ㄱ 과 ㄴ ㄹ 을 제공할 수 있는 직장을 구하고, 회사는 자신들이 필요로 하는 능력을 가진 사람들을 채용한다.

(4) 외환 시장에서 ㅎ ㅇ 을 통해 나라별 돈의 가치를 비교하고 교환할 수 있다.

3 생각 펼치기: 내가 시장을 만든다면?

Q 여러분이 시장을 만든다면 어떤 것들을 사고파는 시장을 만들고 싶은지 써 보세요.

A
저는 _____을/를 사고파는 시장을 만들고 싶어요.
그 이유는 _____
_____ 때문이에요.
그리고 시장 이름은 _____으로/로 짓고 싶어요.

롤러코스터와 같은 집값의 비밀

🔑 keyword 찾아보기! 집값, 선호, 입지, 금리, 이자

교실에서 가장 인기 있는 자리는 어디인가요? 수업을 잘 들을 수 있는 맨 앞자리 또는 쉬는 시간에 빨리 나갈 수 있는 맨 뒷자리 등 각자 좋아하는 자리가 다를 텐데요, 만약 인기도에 따라 자리에 값을 매긴다면 가장 인기 있는 자리가 제일 비싸다고 말할 수도 있어요.

집값도 이와 비슷하게 사람들이 선호하는 입지에 따라 가격이 달라져요. 예를 들어, 학교나 지하철역이 가까운 집은 등하교나 출퇴근이 편해서 인기가 많아요. 또, 백화점이나 공원이 가까운 집은 편리하게 생활할 수 있어서 사람들이 많이 찾지요. 이런 좋은 위치의 집을 원하는 사람은 많은데, 충분하지 않으면 집값이 오르게 돼요.

집값은 금리에 영향을 받기도 해요. 집은 비싸기 때문에 은행에서 돈을 빌려 사는 경우가 많아요. 만약 집을 사기 위해 돈을 빌린다면 빌린 돈을 갚을 때 금리에 따라 이자를 더 붙여서 갚아야 해요. 예를 들어, 10,000원을 빌렸을 때 금리가 5%라면 이자는 500원, 금리가 20%라면 이자는 2,000원이에요. 따라서 일반적으로 금리가 높을 때는 집을 사기가 부담스러워지기 때문에 집을 사려는 사람이 줄어들고 집값도 떨어질 수 있는 것이지요.

그 외에도 정부의 세금 정책, 인구 변화 등 여러 가지 이유로 인해 집값은 오르거나 떨어질 수 있어요. 나중에 어른이 되어 내 집을 마련하고 싶다면 선호하는 입지뿐만 아니라 집값이 오르는 시기인지 아닌지, 금리는 어떤지 등 여러 요소를 꼼꼼히 살펴봐야 후회 없는 선택을 할 수 있겠지요?

집을 구하는 다양한 방식!

집을 구하는 방법에는 매매, 전세, 월세 3가지가 있어요. 매매는 집값을 한 번에 내고 집을 사는 방법이에요. 살 때 많은 돈이 필요해서 부담이 크지만 집이 온전히 내 것이 된다는 장점이 있어요. 전세는 사지 않고 빌리는 방법으로, 집 주인에게 집을 빌린 대가로 **보증금**을 맡겨야 해요. 예를 들어, 2년 동안 살기로 계약했다면 2년이 지난 후에는 보증금을 돌려받고 집을 나가게 되는 것이지요. 월세도 전세와 같이 집을 빌려 사는 방법이기 때문에 보증금을 맡기기는 하지만, 전세보다 보증금이 적고 매달 일정한 돈인 월세를 내면서 살게 된답니다. 집을 구할 때는 자신의 상황에 맞게 어떤 방법이 좋은지 잘 생각하고 선택하는 것이 중요해요!

선호: 여러 가지의 것들 중에서 어떤 것을 특별히 좋아함

입지: 인간이 경제 활동을 하기 위해 선택하는 장소

보증금: 집을 빌리는 대가로 집 주인에게 미리 주어 맡기는 돈

① 집값은 사람들이 선호하는 입지에 따라 달라진다.

② 은행에서 돈을 빌릴 때 갚아야 할 돈에는 이자가 더 붙는다.

③ 금리가 높으면 이자가 많아져서 돈을 빌리려는 사람의 부담이 줄어든다.

④ 좋은 위치의 집을 원하는 사람은 많은데 그러한 집의 개수는 적기 때문에 집값이 오르는 것이다.

1 교실 자리 가격 매기기

Q 여러분은 교실에서 어떤 자리를 제일 좋아하나요? 여러분만의 기준에 따라 그림 속 6개 자리의 순위를 매겨 보고, 1위 자리와 6위 자리를 선정한 이유를 써 보세요.

A
저는 1위로 ___번을 선택했어요. 그 이유는 _____
_____ 때문이에요.

6위로는 ___번을 선택했어요. 그 이유는 _____
_____ 때문이에요.

2 사다리 타기 퀴즈

Q 사다리를 타고 내려 간 곳에 알맞은 답을 써 보세요.

A

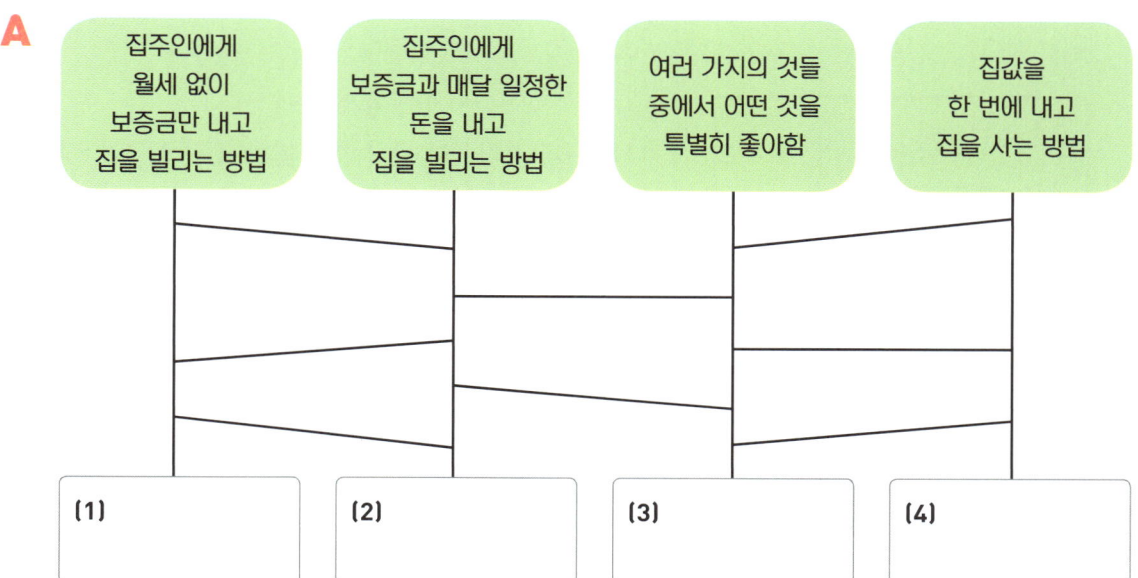

| 집주인에게 월세 없이 보증금만 내고 집을 빌리는 방법 | 집주인에게 보증금과 매달 일정한 돈을 내고 집을 빌리는 방법 | 여러 가지의 것들 중에서 어떤 것을 특별히 좋아함 | 집값을 한 번에 내고 집을 사는 방법 |

(1) ____ (2) ____ (3) ____ (4) ____

3 생각 펼치기: 내가 집을 산다면?

Q 사람들은 집을 구할 때 중요하게 여기는 입지를 기준으로 지역의 별명을 붙여요. 예를 들어, 지하철역이 가까운 지역은 '역세권', 숲과 공원이 가까운 지역은 '숲세권'이라고 부른답니다. 여러분이 어른이 되어 집을 사게 된다면 무엇을 가장 중요하게 여기고 싶나요?

*세권: 역, 상업 시설 등과 가까이에 있는 지역임을 표시하는 말

A
저는 집을 사게 된다면 _____을/를

가장 중요하게 여기고 싶어요. 그 이유는 _____

_____ 때문이에요.

생활 속 경제 이야기 105

소개해요

만들기 도안 155쪽

1 〈대한민국을 알릴 아이템〉 만들기

만들기 영상 바로가기!

 여러분이 K-문화 알리미가 되어 볼까요?

〈만들기 전 체크〉
1. 다른 나라 사람들이 관심 가질 만한 K-문화 아이템을 생각해서 미니 입간판 도안에 그림으로 표현하기
2. 내가 생각한 K-문화 아이템이 다른 나라 사람들에게 인기 있을 것 같은 이유를 동그라미 도안에 쓰기
3. K-문화 아이템을 알리는 문구를 정해 인물 도안에 쓰기

 순서에 따라 만들며 K-문화를 더욱 더 알아가 봐요!

❶ 내가 원하는 색칠 도구로 도안을 색칠한 뒤 가위로 오려요.

❷ 가게 도안 아래쪽의 가운데에 있는 세로선을 따라 가위로 오려요.

❸ 풀칠 부분에 풀칠한 뒤 사진과 같이 붙여 세워진 배경을 만들어요.

❹ 가게 도안에 나머지 도안을 사진과 같이 붙여 작품을 완성해요.

단원마무리

2 `만들기 도안 157쪽` **<여러 가지 시장 책> 만들기**

만들기 영상 바로가기!

 시장에 가면~ ○○도 있고!

<만들기 전 체크>
1. 도안 속 시장에 대한 설명과 그림을 보고 초성 퀴즈 풀기(정답 137쪽)
2. 각각의 시장들이 어떤 것을 사고파는지 비교하며 다양한 시장에 대해 이해하기
3. 다양한 무늬와 색으로 시장 책 도안 꾸미기

 순서에 따라 만들며 다양한 형태의 시장을 복습해 보세요!

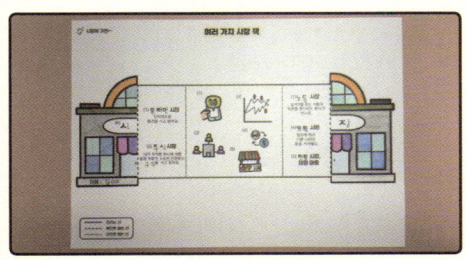

❶ 내가 원하는 색칠 도구로 도안을 색칠해요.

❷ 테두리 선을 따라 가위로 도안을 오려요.

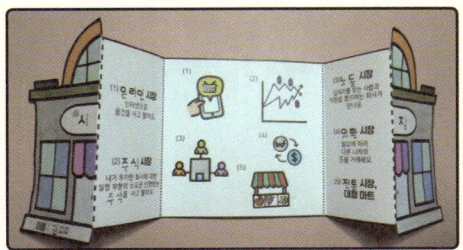

❸ 안으로 접는 선, 밖으로 접는 선을 확인해 선을 따라 정확하게 접어요.

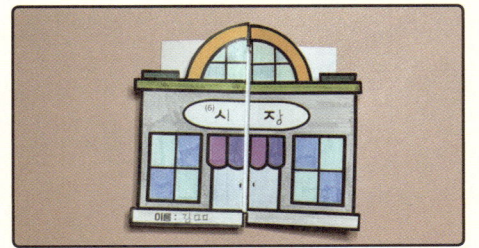

❹ 도안을 접어서 책으로 만들어 작품을 완성해요.

PART 5

미래 사회와 경제

01 AI와 로봇, 인간의 동료가 될까?

02 게임, 역대급 미래 유망 산업

03 현실이 되는 꿈의 자동차

04 서로 다른 우리가 함께 살아가는 대한민국

05 기업에 부는 녹색 바람, ESG 경영

AI와 로봇, 인간의 동료가 될까?

🔑 **keyword 찾아보기!**   로봇, AI(인공지능), 휴머노이드, 대화, 감정, 공생

여러분은 '로봇'하면 어떤 모습이 떠오르나요? 음식점에서 음식을 가져다주는 로봇? 아니면 집 안을 깨끗하게 청소해 주는 로봇? 이제는 사람의 명령을 받지 않고 스스로 생각하고 움직이는 로봇이 등장했답니다!

2025년 미국 라스베이거스에서 세계 최대 가전·정보 기술(IT) 전시회인 'CES(Consumer Electronics Show) 2025'가 열렸어요. 세계 각국의 기업들이 참여한 이 전시회에서는 자동차, 가전제품, IT, AI(인공지능), 우주 기술 등이 소개되었어요. 그중 인기를 한 몸에 받은 것은 바로 로봇이었어요.

중국 기업 '유니트리'가 개발한 휴머노이드 로봇 'G1'은 스스로 몸을 비틀거나 계단을 뛰어오르는 동작까지 선보였어요. 미국 기업 '리얼보틱스'는 155 cm 정도의 키를 가진 여성 로봇 '아리아'를 개발했어요. 아리아는 눈에 달린 카메라를 통해 사람을 인식하고 AI 기술을 활용해 사람과 대화도 나눌 수 있어요. 프랑스 기업 '인챈티드 툴스'의 로봇 '미로카이'는 병원 혹은 학교에서 감정적 상호작용을 통해 환자와 학생을 돕고 그들의 정서에 안정감을 줄 수 있도록 개발되었어요.

이처럼 로봇은 인간과 대화는 물론 감정까지 교류할 수 있을 정도로 발전하고 있어요. 하지만 로봇이 지금보다 더 똑똑해지면 인간의 업무를 대신하면서 인간의 일자리를 빼앗거나, 인간의 통제에서 벗어나 위협적인 존재가 될 수 있다는 우려의 목소리도 존재해요. 가까운 미래에 로봇과 함께 살아가게 될 우리는 로봇과의 공생을 위해 어떤 준비를 해야 할까요?

AI, 신중하게 친해져야 해요!

휴머노이드 로봇이 점점 늘어나고 있어요. 이런 로봇을 현실에서 만날 수 있게 된 것은 미국의 'ChatGPT'와 같은 **생성형 AI** 덕분이에요. 생성형 AI는 인간처럼 대화가 가능할 뿐만 아니라 정보를 찾아 주거나 그림을 그리고, 음악을 만들고, 글을 쓰는 일도 할 수 있어요. 인간이 일일이 작업해야 했던 일들이 AI 덕분에 **자동화**되면서 효율성이 높아진다는 장점이 있어요. 하지만 AI가 인간의 일을 대신하게 되면 일자리가 줄어들 수 있고, AI가 만든 **허위** 이미지나 영상으로 진실이 **왜곡**될 위험도 있어요. 따라서 우리는 AI 기술이 올바르게 쓰이도록 관심을 가지고 잘 지켜봐야 해요.

인공지능: 인간처럼 생각하고 학습하며 문제를 해결할 수 있는 컴퓨터 시스템
휴머노이드: 사람처럼 움직이고, 대화하거나 감정을 표현할 수 있는 로봇
정서: 사람의 마음에 일어나는 여러 가지 감정
교류: 문화나 생각이 서로 통함
공생: 서로 도우며 함께 삶

생성형 AI: 새로운 콘텐츠나 정보를 생성할 수 있는 인공지능
자동화: 다른 힘을 빌리지 않고 스스로 움직이거나 작동하게 함
허위: 진실이 아닌 것을 진실인 것처럼 꾸밈
왜곡: 사실과 다르게 해석함

 옳은 것 고르기

① G1은 걸을 수 있지만 뛰거나 비틀지는 못한다.
② 아리아는 AI를 통해 상대를 인식할 수 있지만 대화할 수는 없다.
③ 병원에 있는 환자의 정서에 안정감을 줄 수 있는 로봇이 개발되었다.
④ 세계 최대 가전·정보기술(IT) 전시회인 CES 2025가 한국에서 열렸다.

생각해요

1 미래를 바꿀 나만의 AI 로봇

Q 우리나라 기업이 개발한 AI 기술에는 어떤 것이 있을까요? 아래 예시를 살펴본 후, 여러분이 직접 개발하고 싶은 AI 로봇이나 기술을 소개해 보세요.

A 예시

[출처: booxtory 홈페이지]

이름: 북스토리

기능: 스캐너로 책을 찍으면 AI가 문자와 그림을 인식한 후 태블릿을 통해 사용자가 원하는 언어로 생동감 있게 읽어 준다.

특징: 가족의 목소리를 등록해서 사용할 수 있고, 책 내용에 맞는 음성 효과, 이미지 효과를 제공해 준다. 또, 스스로 책을 읽기 어려운 사람들이 편리하게 사용할 수 있도록 한다.

이름:

기능:

특징:

2 내가 만드는 핵심 문장!

Q 〈보기〉에 있는 단어를 모두 사용해서 문장을 만들어 보세요.

A
> 보기 로봇, 대화, 감정, 공생

3 생각 펼치기: 로봇과 함께 하는 미래 사회 Q&A

Q 로봇이 사고를 일으켰을 때, 그 책임이 로봇, 개발자, 사용자 중 누구에게 있을지 써 보세요.

A
> 책임은 _____에게 있을 것 같아요. 그 이유는 _____
> _____
> _____ 때문이에요.

Q 로봇이 인간과 함께 일하게 되면 어떤 새로운 직업이 생길지 써 보세요.

A
> _____ 직업이 생길 것 같아요.
> 그 이유는 _____
> _____ 때문이에요.

게임, 역대급 미래 유망 산업

 keyword 찾아보기!   게임, e스포츠, 직업, 미래의 핵심 산업

아시안 게임에서 e스포츠가 정식 종목으로 채택되면서 세계적으로 게임의 위상이 높아지고 있어요. 게임은 놀이를 넘어서 우리나라의 경제 성장에 도움을 주는 주요 산업으로 성장하고 있지요. 발전 가능성이 무궁무진한 게임 산업과 관련된 직업에는 어떤 것들이 있을까요?

'게임 기획자'는 게임을 만들기 위한 아이디어를 내고 게임 속 스토리, 캐릭터의 역할과 특징, 미션 등을 기획해요. 창의적인 생각을 바탕으로 게임의 전체적인 틀을 만드는 중요한 역할을 하지요.

'게임 프로그래머'는 기획자가 만든 틀을 바탕으로 게임이 실제로 작동할 수 있도록 기술적인 부분을 다루며 프로그램을 만들어요. 게임을 만들기 위해서는 컴퓨터 언어로 코드를 입력하는 코딩 작업이 필요해요. 이 과정에서 수학적 사고력과 컴퓨터 활용 능력이 중요하게 요구되지요.

'게임 아티스트'는 게임 속 배경, 캐릭터, 아이템 등을 시각적으로 표현해요. 보는 사람에게 재미와 몰입감을 주는 그림을 그려야 하기 때문에 예술적인 감각이 중요하답니다.

마지막으로, '게임 테스터'는 직접 게임을 하면서 오류(버그)를 찾고, 게임이 잘 작동하는지 확인하는 일을 해요. 새로운 게임이 나오기 전에 미리 체험할 수 있어 흥미로운 직업이지만, 꼼꼼하게 확인해야 하기 때문에 분석력과 논리적인 사고력이 있어야 해요.

우리나라는 미래의 핵심 산업인 게임 분야의 인재를 길러내기 위해 노력하고 있어요. 여러분도 게임을 통해 꿈을 찾아보는 것은 어떨까요?

e스포츠의 신 '페이커'

페이커(본명: 이상혁) 선수는 리그 오브 레전드(LoL)라는 게임에서 활약하는 세계적인 프로게이머예요. 그가 1년에 버는 돈은 정확하게 공개되지 않았지만 약 70억 원 안팎으로 **추정**하고 있어요. 그는 해외에서도 큰 인기를 끌며 K-게임과 K-스포츠에 대한 관심을 높이고 있답니다. 그리고 페이커의 인기를 활용한 한류 마케팅 덕분에, 한국 브랜드가 해외 시장에서 더 많은 주목을 받고 있어요. 성실함과 뛰어난 리더십으로 많은 이들에게 존경받는 페이커는, 단순한 프로게이머를 넘어 한국 e스포츠의 상징이자 게임 산업에 큰 영향을 주는 인물이 되었어요.

e스포츠: 컴퓨터나 콘솔 게임(전용 게임기 이용)을 이용한 경기로, 스포츠처럼 대회가 열리는 게임 분야
위상: 어떤 분야에서 차지하는 위치나 영향력
산업: 물건을 만들거나 서비스 등을 제공하는 경제 활동
코드: 컴퓨터가 이해할 수 있는 언어로 작성한 프로그램 명령
인재: 능력이나 재능을 갖춘 뛰어난 사람
추정: 미루어 생각하여 판단함

 옳지 <u>않은</u> 것 고르기

① 게임 기획자는 게임을 만들기 위한 아이디어를 낸다.

② 아시안 게임에서 e스포츠가 정식 종목으로 채택되었다.

③ 게임 프로그래머는 수학적 사고력과 컴퓨터 활용 능력이 필요하다.

④ 게임 아티스트는 게임을 직접하면서 오류(버그)를 찾고, 게임이 잘 만들어졌는지 확인하는 일을 한다.

1 나는야 게임 마케터!

Q '게임 마케터'는 새로 출시된 게임의 특징을 파악해서 게임을 홍보하는 직업이에요. 여러분이 좋아하는 게임의 마케터가 되어 게임 이벤트 광고를 만들어 보세요.

A 　　　　힌트 질문에 답변을 하고, 이를 활용해 이벤트 광고를 만들어 보세요.

(1) 어떤 게임을 홍보하고 싶나요?

----

(2) 이 게임의 특징은 무엇인가요?

----

(3) 광고 모델은 누구를 사용하고 싶나요?
① 연예인　　② 게임 캐릭터
③ 둘 다 사용

(4) 게임을 어떤 방식으로 홍보하고 싶나요?
① TV 광고　　② 스마트폰 광고
③ 체험 팝업 스토어

2 숨은 단어를 찾아라!

Q 주제에 관련된 단어들을 찾아 보세요.

A

주제 게임 산업

자	관	양	e	랑	페	목
게	임	테	스	터	이	계
하	트	사	포	구	커	현
오	한	세	츠	후	연	경

3 생각 펼치기: 나와 어울리는 게임 관련 직업은?

Q 기사에서 알아본 게임 관련 직업 중 나와 잘 어울릴 것 같은 직업은 무엇인가요? 그 직업을 선택한 이유도 써 보세요.

A

저는 _____와/과 잘 어울릴 것 같아요. 그 이유는 _____

_____

_____

_____ 때문이에요.

미래 사회와 경제 117

현실이 되는 꿈의 자동차

 keyword 찾아보기! 자동차, 전기차, 에어택시, 자율주행차, AI(인공지능)

먼 거리를 편리하게 이동하기 위해 우리는 자동차를 이용해요. 걸어서는 하루 만에 갈 수 없었던 거리도 자동차를 타면 짧은 시간에 갈 수 있지요. 자동차 덕분에 사람의 활동 범위가 넓어져 여행이 쉬워졌어요. 뿐만 아니라 구급차나 소방차로 위급한 상황에도 빠르게 대응할 수 있어 우리의 삶의 질이 높아졌어요.

사람은 자동차가 발명되기 이전에 마차를 이용해 이동했어요. 그러다 19세기 영국에서 뜨거운 물의 증기를 이용해 달리는 증기 자동차가 발명되었어요. 이후 휘발유와 같은 연료를 사용하는 내연 자동차가 나오면서 더 빠르고 편리하게 움직일 수 있게 되었답니다. 하지만 내연 자동차는 매연을 내뿜어 공기를 오염시킨다는 단점이 있어서, 대기 오염을 줄일 수 있는 전기차가 개발되었어요.

뿐만 아니라 이제는 자동차의 주행 무대가 하늘로 확대되었고, 사람이 직접 운전할 필요가 없어졌어요. 땅에서의 교통 체증을 해결하기 위해 개발된 에어택시는 시속 약 200 km로 도심의 하늘을 날며 도로에서 달릴 때보다 이동 시간을 2~3배 줄여 줄 것으로 예상돼요. 또, 친환경 전기 에너지를 이용하기 때문에 환경도 보호할 수 있어요. 서울시는 에어택시를 2030년에 상용화하는 것을 목표로 하고 있답니다.

▲ 서울시 에어택시
[출처: 국제문화홍보정책실]

자율주행차는 사람이 직접 운전하지 않아도 AI(인공지능)를 이용해 도로 위 장애물을 피하고, 제한 속도, 교통량, 날씨 등을 파악하면서 목적지까지 이동할 수 있어요. 운전자의 피로를 덜어 줄 수 있어 미래의 중요한 교통수단으로 주목받고 있지요. 우리나라는 자율주행차를 2027년까지 상용화하는 것을 목표로 하고 있답니다.

에어택시와 자율주행차는 물건을 신속하게 운송하고, 관광 산업을 발전시키는 등 경제적인 효과도 가져올 것으로 기대되기도 해요. 미래에는 또 어떤 자동차가 등장하게 될까요?

자율주행차의 장점과 단점

스스로 판단하여 운전하는 자율주행차가 상용화되면, 사람이 직접 운전하는 것보다 교통사고가 줄어들 것으로 예상되고 있어요. 그 이유는 자율주행차는 앞 차와 충돌할 위험이 생기면 스스로 브레이크를 작동시켜 주기 때문이에요. 이와 같은 기능은 비나 눈이 많이 내려 앞이 잘 보이지 않거나, 도로가 미끄러울 때 운전자에게 큰 도움이 되어 줘요. 하지만 아직 자율주행차의 기술이 완벽한 것은 아니에요. 교차로에서 방향을 바꾸거나 새벽이나 해질녘처럼 어두운 상황에서는 사람이 운전하는 것보다 사고가 발생할 확률이 더 높다고 해요. 또, 자율주행차는 컴퓨터 프로그램으로 작동되기 때문에 해킹을 당할 위험도 있어요. 자율주행차를 안전하게 사용하기 위해서는 단점을 계속해서 보완하려는 노력이 필요해요.

내연: 연료가 기관 내부에서 폭발해 연소(빛과 열을 내는 화학 반응)함
매연: 연료가 탈 때 나오는 연기
주행: 자동차나 열차 등이 달림
교통 체증: 차량이 많이 밀려 통행이 잘 안 되는 상태

상용화: 연구나 개발 단계에 있던 것을 사람들이 실제로 쓰거나 살 수 있게 하는 것
자율: 남이 조종하지 않고 스스로 어떤 일을 함
운송: 사람을 태우거나 물건을 실어 보냄
교차로: 두 길이 엇갈린 곳

 옳은 것 고르기

① 자동차 때문에 인간의 활동 범위가 좁아졌다.

② 내연 자동차는 매연을 내뿜어서 공기를 오염시킨다.

③ 에어택시는 하늘에서의 교통 체증을 해결하기 위해 개발되었다.

④ 자율주행차는 어떤 상황에서도 사람이 직접 운전하는 것보다 안전하다.

생각해요

1 찬반 토론: 자율주행차, 바로 상용화되어도 괜찮을까?

Q 자율주행차가 지금 바로 상용화되어도 괜찮을까요? 아니면 아직은 개발이 더 필요한 단계일까요? 찬성과 반대 중에서 나의 생각을 선택하고, 그 이유를 써 보세요.

〈찬성〉
지금 바로 상용화되어도 괜찮아. 운전자의 피로를 덜어 줄 뿐만 아니라 교통사고도 줄일 수 있어!

〈반대〉
지금 바로 상용화되는 것은 위험해. 자율주행차의 AI가 예상치 못한 돌발상황을 모두 잡아낼 수 있을까?

A 저는 자율주행차가 지금 바로 상용화되는 것에 (찬성 / 반대)해요. 그 이유는 _____
_____
_____ 때문이에요.

2 O / X 퀴즈

Q 다음 문장을 읽고 맞으면 O, 틀리면 X에 표시하세요.

A (1) 내연 자동차가 증기 자동차보다 먼저 발명되었다. [O] [X]

(2) 에어택시는 친환경 전기 에너지를 이용한다. [O] [X]

(3) 스스로 판단하여 운전하는 자율주행차가 상용화되면, 사람이 직접 운전하는 것보다 교통사고가 늘어날 것으로 예상된다. [O] [X]

(4) 자율주행차는 앞 차와 충돌할 위험이 생기면 스스로 브레이크를 작동시킨다. [O] [X]

3 생각 펼치기: 자율주행차 깊이 보기 Q&A

Q 자율주행차와 사람 운전자 중에서 더 믿음이 가는 대상은 누구인지 고르고, 그 이유를 써 보세요.

A 저는 _____가 더 믿음이 가는 대상이라고 생각해요. 그 이유는 _____ _____ 때문이에요.

Q 자율주행차가 사고를 일으켰을 때, 그 책임은 기술을 개발한 자동차 회사와 자동차의 주인 중에서 누구에게 있을지 고르고, 그 이유를 써 보세요.

A 저는 _____에게 책임이 있다고 생각해요.

그 이유는 _____ _____ 때문이에요.

서로 다른 우리가 함께 살아가는 대한민국

🔑 keyword 찾아보기! 다문화, 인종, 민족, 일자리, 이주, 언어, 존중

우리 주변에 다양한 문화적 배경을 가진 친구들이 점점 많아지고 있어요. 교육부 통계에 따르면, 2024년 기준 우리나라의 다문화 학생 수는 약 19만 명으로, 전체 학생의 4 % 정도를 차지하고 있다고 해요. 다양한 인종과 민족이 함께 어우러져 사는 미국처럼 우리나라도 점점 다문화 사회로 변화하고 있어요.

이와 같은 변화는 한국 사람과 결혼을 하고, 한국에서 일자리를 찾거나 공부를 하기 위해 우리나라로 이주한 사람들이 많아졌기 때문이에요. 다양한 사람들이 함께 살아가는 다문화 사회는 우리나라에 어떤 영향을 줄까요?

우리나라의 외국인 취업자들이 제조업, 농림어업, 건설업 등 여러 산업 현장에서 일을 하면서 경제가 활발해지는 데 좋은 영향을 주고 있어요. 또, 다양한 언어와 지식, 문화를 공유하면서 생겨난 새로운 아이디어를 사회·경제 분야에 창의적으로 활용할 수 있답니다.

통계청에 따르면, 2042년에는 이주배경인구가 우리나라 전체 인구의 8.1 %에 이를 것으로 예상하고 있어요. 한 나라 안에서 다양한 사람들이 함께 살아가려면, 서로에 대한 이해와 존중이 필요해요. 이를 위한 첫걸음은 다른 인종이나 문화에 대해 편견을 가지지 않는 것이겠지요? 나와 다르다는 이유로 차별하거나 놀리지 않고, 서로의 언어와 문화를 소개하면서 자연스럽게 알아가고 친해지는 것도 좋은 방법이에요.

서로의 다름을 인정하고 이해하는 마음을 가질 때 우리 사회는 더 따뜻하고 행복한 곳이 될 수 있어요. 그리고 그렇게 함께 살아갈 때 우리 사회와 경제도 성장할 수 있답니다.

다문화 선진국의 모습은?

캐나다와 호주는 대표적인 다문화 선진국으로, 일찍부터 다문화를 받아들여 다양한 인종과 문화를 가진 사람들과 함께 살아가고 있어요. 캐나다는 이민자가 자신의 **민족 정체성**을 유지하면서 캐나다 사회에 잘 어울릴 수 있도록 캐나다에서 사용하는 영어, 프랑스어 외에도 다른 나라의 언어를 배울 수 있는 기회를 제공하고 있어요. 또 다른 다문화 선진국 호주에는 약 300개의 언어가 사용될 정도로 다양한 문화권의 사람들이 살고 있어요. 호주의 학생들은 어릴 때부터 다른 나라 출신의 친구들과 함께 생활하며, 여러 나라의 문화를 자연스럽게 경험해요. 캐나다와 호주처럼 모든 사람이 사회에 잘 적응할 수 있도록 돕는 모습은 다문화 사회로 접어드는 우리나라가 본받아야 할 점이에요.

어휘 쏙쏙

다문화: 한 사회 안에 서로 다른 민족이나 문화가 공존하는 것

인종: 피부색, 머리카락, 얼굴 생김새와 같은 신체적 특징에 따라 구분된 사람들의 집단

민족: 같은 언어, 역사, 문화, 전통을 공유하는 사람들의 집단

이주: 개인 혹은 민족이 원래 살던 지역을 떠나 다른 지역으로 이동해 머무름

이주배경인구: 자신 또는 부모가 다른 나라 출신이거나, 외국에서 한국으로 와서 사는 사람

민족 정체성: 스스로 특정 민족에 속한다고 생각하는 마음

문해력 쏙쏙 옳지 않은 것 고르기

① 한국에서 일자리를 찾거나 공부를 하기 위해 우리나라로 이주한 사람들이 많아졌다.

② 다문화 사회는 우리나라 경제에 도움이 되지 않는다.

③ 우리나라는 점점 다문화 사회로 변화하고 있다.

④ 캐나다와 호주는 대표적인 다문화 선진국이다.

1 나는야 우리나라 적응 도우미!

Q 우리나라에 온 지 얼마 되지 않은 외국인 친구가 한국 돈을 잘 이해할 수 있도록 천 원, 오천 원, 만 원, 오만 원권 지폐로 할 수 있는 일을 알려 주세요.

A

천 원으로 살 수 있는 것은 _____

_____

_____

오천 원으로 간단히 사 먹을 수 있는 것은 ___

_____

_____

만 원으로 친구와 함께 할 수 있는 것은 _____

_____

_____

오만 원으로 가족과 함께 할 수 있는 것은 ___

_____

_____

2 초성 퀴즈

Q 문장을 읽으며 네모 칸 안에 있는 초성 퀴즈를 풀어 보세요.

A (1) 교육부 통계에 따르면, 2024년 기준 우리나라의 | ㄷ | ㅁ | ㅎ | 학생 수는 전체 학생의 4 % 정도를 차지하고 있다고 한다.

(2) 통계청에 따르면, 2042년에는 | ㅇ | ㅈ | ㅂ | ㄱ | ㅇ | ㄱ |가 우리나라 전체 인구의 8.1 %에 이를 것으로 예상하고 있어요.

(3) 다양한 사람들이 함께 살아가려면 서로에 대한 | ㅇ | ㅎ |와 존중이 필요하다.

(4) 캐나다는 이민자들에게 캐나다에서 사용하는 영어, 프랑스어 외에도 다른 나라의 | ㅇ | ㅇ |를 배울 수 있는 기회를 제공하고 있다.

3 생각 펼치기: 2050년 우리나라의 모습은?

Q 2050년에 우리나라가 다문화 사회로 정착한다면 (학교 / 상점 / 회사 / 집)은 어떤 모습일까요? 미래의 모습을 상상하고 글로 써 보세요.

A

2050년에 (학교 / 상점 / 회사 / 집)의 모습은 _____

_____

_____

_____

미래 사회와 경제

기업에 부는 녹색 바람, ESG 경영

 keyword 찾아보기! 환경 오염, ESG 경영, 챌린지, 친환경

환경 오염으로 인해 세계 곳곳에서 이상 기후가 나타나고 있어요. 더운 날씨의 열대 지역에서는 갑자기 눈이 내리기도 하고 추운 날씨의 시베리아에서는 30 ℃ 이상의 높은 기온이 관측되기도 해요. 또, 비가 거의 오지 않는 사막에서는 갑자기 폭우가 쏟아지기도 하지요.

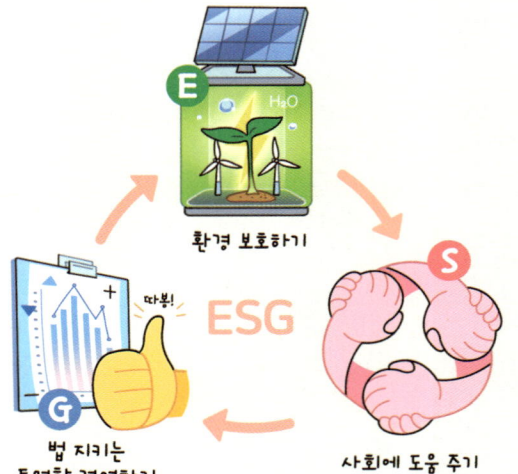

이런 환경 문제에 심각성을 느낀 많은 기업들은 ESG 경영을 실천하고 있어요. ESG 경영은 환경을 보호하고 사회에 좋은 영향을 주는 방향으로 기업을 운영하는 경영 방식이에요. 그렇다면 ESG 경영을 택한 기업들은 어떤 노력을 하고 있을까요?

카페 '투썸플레이스'는 일회용 컵 쓰레기와 세척 과정에서 발생하는 수질오염을 줄이고자 '에코히어로 챌린지'를 진행했어요. 챌린지에 참여한 고객에게는 텀블러와 친환경 세척 용품을 나누어 주고, 텀블러를 사용하는 모습을 주 3회 이상 인증하면 상금을 주는 등 고객의 친환경 활동을 이끌었어요.

배달 플랫폼 회사 '요기요'는 직원들이 환경 보호를 직접 실천할 수 있도록 회사 내 카페의 컵을 모두 친환경 다회용 컵으로 교체했어요. 또, 직원들은 사무실에서 개인 일회용 컵 대신 텀블러를 사용하고, 플라스틱을 쓸 때는 깨끗이 씻어 분리수거하는 등 환경 보호를 위해 노력하고 있어요.

예전에는 돈을 많이 버는 기업이 좋은 기업이라고 생각했지만, 이제는 환경을 보호하고 사회에 좋은 영향을 주는 기업을 좋은 기업이라고 여기는 사람이 많아졌어요. 앞으로 더 많은 기업이 ESG 경영을 실천해 지구와 사회가 함께 건강해졌으면 좋겠어요.

더 알아보기

전기를 만드는 식품 기업들

식품을 만드는 기업인 '오뚜기'가 다른 분야의 사업을 시작했어요. 바로 태양광 발전이랍니다. 2022년부터 충북 음성에 위치한 오뚜기 공장 옥상에 태양광 패널을 설치해 전기를 만들기 시작했고, 앞으로 그 규모를 점점 늘릴 계획이라고 해요. 오뚜기뿐만 아니라 '농심', '크라운해태제과', '오비맥주'도 태양광 패널을 설치하고 있어요. 이렇게 만든 친환경 에너지를 사용하면 전기 요금을 아끼고, 남는 전기를 '한국전력공사'에 팔아 수익을 얻을 수도 있어요. 기업들의 이런 행보는 단순히 돈을 벌기 위해서가 아니라, 환경을 보호하고 지속 가능한 미래를 만들기 위한 노력이랍니다.

어휘 쏙쏙

열대: 사계절 내내 덥고 비가 많이 내리는 지역
폭우: 짧은 시간 동안 많은 비가 내리는 현상
수질: 물의 깨끗한 정도
태양광: 태양에서 나오는 빛

패널: 얇고 넓은 판
한국전력공사: 국민이 사용할 전기를 만드는 정부 기업
행보: 어떤 목표를 향해 나아감

문해력 쏙쏙 옳지 않은 것 고르기

① 환경 오염으로 인해 세계 곳곳에서 이상 기후가 나타나고 있다.
② 식품 기업 오뚜기는 태양광 패널을 설치해 전기를 만들고 있다.
③ ESG 경영은 환경을 오염시켜 사회에 좋지 않은 영향을 주는 방향의 기업 운영 방식이다.
④ 배달 플랫폼 회사 요기요의 직원들은 환경 보호를 위해 텀블러 사용, 분리수거 등의 노력을 하고 있다.

생각해요

1 내가 사용하지 않는 물건의 새 주인 찾기

Q 내가 더 이상 사용하지 않지만 버리기에는 아까운 물건이 있나요? 그 물건을 물물교환하거나 중고시장에 판매하기 위한 광고를 만들고, 대화의 빈칸을 채워 보세요.

A 〔힌트〕 물물교환이나 중고시장은 물건이 재사용되어 쓰레기를 만들지 않아 환경에 좋다는 장점이 있어요. 이 장점을 홍보 문구에 활용해 보세요.

나

안녕하세요! 제 물건인 ＿＿＿＿＿＿＿＿을/를 필요로 하신다고 하셨죠? 이 물건은 ＿＿＿＿＿＿＿＿＿＿＿＿＿＿＿＿＿＿＿＿＿＿＿＿＿＿＿＿특징을 가지고 있어서 마음에 드실 거예요.

새 주인

네, 맞아요! 저에게는 꼭 필요한 물건이에요! 혹시 물건을 버리지 않고 (물물교환 / 중고시장에 판매)하시는 이유가 있나요?

나

물건을 (물물교환 / 중고시장에 판매)하면 ＿＿＿＿＿＿＿＿＿＿＿＿＿＿＿＿＿＿＿＿＿＿＿＿＿＿＿＿＿＿＿＿＿＿좋은 점이 있기 때문이에요.

2 사다리 타기 퀴즈

Q 사다리를 타고 내려 간 곳에 알맞은 답을 써 보세요.

A
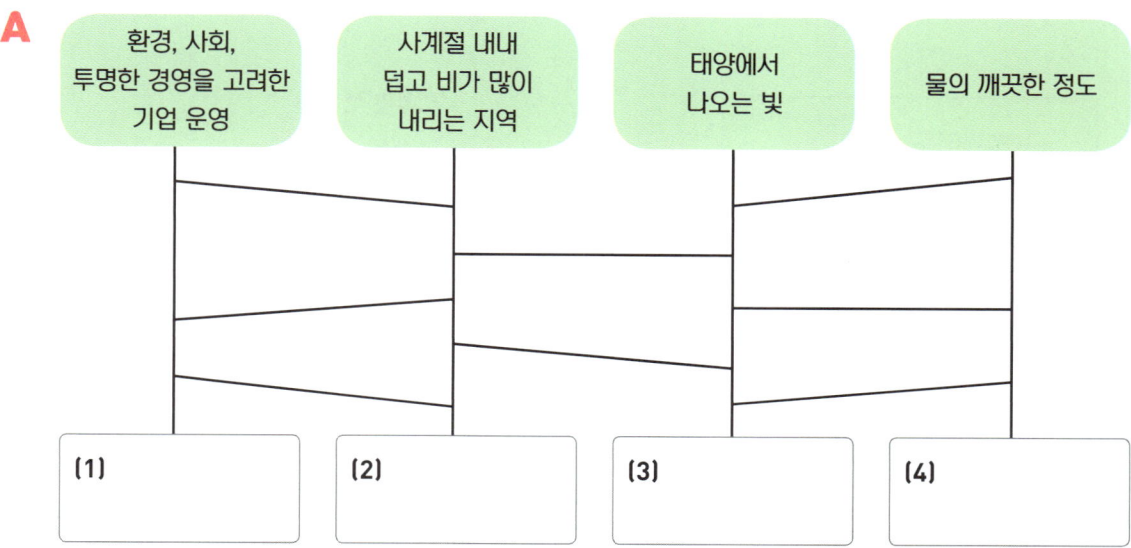

3 생각 펼치기: 내가 ESG 경영을 하는 기업가라면?

Q 여러분이 ESG 경영을 하는 기업가라면 환경을 위해 어떤 친환경 제품 또는 서비스를 만들어 보고 싶은지 써 보세요.

A 제가 ESG 경영을 하는 기업가라면 환경을 위해 _____
_____
_____

소개해요

1 `만들기 도안 159쪽` **<직업 게임기> 만들기**

만들기 영상 바로가기!

 미래에는 어떤 게임 관련 직업이 생겨날까요?

<만들기 전 체크>

1. 직업 카드 도안 속 그림을 보고 초성 퀴즈 풀기
 (정답 138쪽)
2. 게임과 관련해서 새롭게 생겨날 것 같은 직업을 생각해 보고, 그 이유도 쓰기
3. 다양한 색으로 게임기 도안과 직업 카드 도안 꾸미기

 순서에 따라 만들며 게임 관련 산업의 현재와 미래를 탐색해 보세요!

❶ 내가 원하는 색칠 도구로 도안을 색칠한 뒤 가위로 오려요.

❷ 게임기 도안을 반으로 살짝 접은 뒤 가위로 네모 부분(화면)을 오려요.

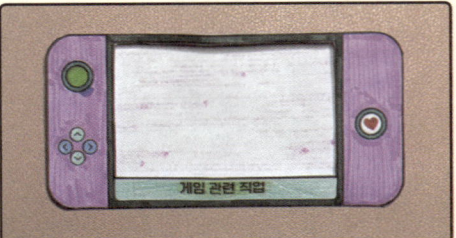

❸ 도안의 풀칠 부분에 풀칠해 게임기의 앞면과 뒷면을 서로 붙여요.

❹ 직업 카드를 모아 게임기 속에 넣어 작품을 완성해요.

단원마무리

만들기 도안 161, 163쪽

2 〈내가 생각하는 미래의 자동차〉 만들기

만들기 영상 바로가기!

 하늘을 나는 자동차? 순간 이동 자동차? 내가 생각하는 미래의 자동차는?

〈만들기 전 체크〉
1. 내가 생각하는 미래의 자동차는 어떤 기능을 가졌을지 배경 도안에 글로 써서 소개하기
2. 내가 생각하는 미래의 자동차 모습을 디자인해 꾸미기
3. 다양한 색으로 자동차 도안과 도시 배경 도안 꾸미기

 순서에 따라 만들며 미래 도시를 상상해 보세요!

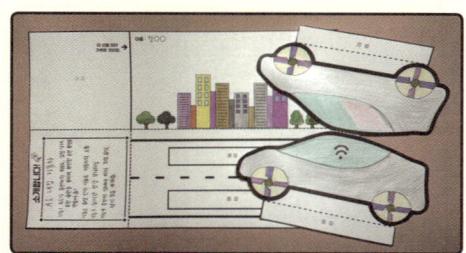

❶ 내가 원하는 색칠 도구로 도안을 색칠한 뒤 가위로 오려요.

❷ 점선을 따라 도안을 접어요.

❸ 배경 도안에 풀칠해 도안을 서로 붙여 세워진 배경을 만들어요.

❹ 배경 도안의 도로 위에 자동차 도안을 붙여 작품을 완성해요.

교과서를 넘나드는
초등 어린이 신문 경제

정답

PART 1 돈이란 무엇일까?

01 변신의 달인 '돈'

문해력 쑥쑥

옳은 것: ③

생각해요

2.

		³선		
	¹물	물	교	환
⁴소				
²금	속	화	폐	

02 시소처럼 움직이는 환율

문해력 쑥쑥

옳지 않은 것: ③

생각해요

1 (1) 원화를 가지고 있는 사람

  예시 원화를 가지고 있는 사람이에요. 그 이유는 환율이 떨어지면 원화의 가치는 상승하고, 외국 돈의 가치는 하락하기 때문이에요.

  (2) 수입 회사 A

  예시 수입 회사 A예요. 그 이유는 환율이 오르면 원화의 가치는 하락하고, 외국 돈의 가치는 상승해요. 그래서 외국 물건을 구매하는 수입 회사 A가 손해를 보기 때문이에요.

2 예시 환율은 **시소**처럼 움직여요. 예를 들어, **달러**의 가치가 **상승**하면 **원화**의 가치는 **하락**하고, 달러의 가치가 하락하면 원화의 가치는 상승해요.

03 은행은 어떻게 돈을 벌까?

문해력 쑥쑥

옳지 않은 것: ④

생각해요

1 (1) 적금 (2) 대출

2 (1) 예금 (2) 적금 (3) 금리 (4) 예대 마진

3 화가 날, 많이, 비판

04 현금이 사라진다! '현금 없는 사회'

문해력 쑥쑥

옳은 것: ③

생각해요

1 (1) 버스 (2) 매장 (3) 세뱃돈 (4) 은행

2 (1) ○ (2) ✕ (3) ○ (4) ✕

05 한 판에 5,000억 원인 피자?

문해력 쑥쑥

옳지 않은 것: ②

생각해요

2.

블	매	오	호	아	하	투
라	록	시	격	개	복	자
봉	이	체	효	용	지	크
가	상	다	인	구	레	마

가상, 블록체인, 투자

단원마무리 소개해요

1 (1) 물물교환 (2) 물품 화폐
 (3) 금속 화폐 (4) 종이 화폐
 (5) 카드, 모바일 결제
2 (1) 연결 (2) 예금 (3) 대출
 (4) 금리 (5) X (6) 예대 마진

PART 2 우리가 사용하는 돈

01 포장 주문에도 수수료라니?

문해력 쑥쑥

옳은 것: ①

생각해요

2 (1) 수수료 (2) 부담 (3) 활성화

02 초등학생은 세금을 낸다 VS 안 낸다

문해력 쑥쑥

옳은 것: ③

생각해요

1 (1) 재산세 (2) 증여세
 (3) 증권거래세 (4) 교육세

2

¹³부	과		
가			
가			⁴소
치			비
세		²소	득	세

03 위기의 대형 마트, 다시 부활할 수 있을까?

문해력 쑥쑥

옳은 것: ②

생각해요

2 (1) 온라인 쇼핑 (2) 오프라인 쇼핑
 (3) 적자 (4) 구조 조정

04 1+1 상품의 비밀

문해력 쑥쑥

옳지 않은 것: ③

생각해요

1 예시

2 편의점에서 진행하는 1+1 이벤트는 판매량이 증가하면서 이익이 더 커질 수 있는 **박리다매** 효과를 기대하는 **마케팅** 전략이에요.

05 카드를 쓸 때도 믿음이 중요해

문해력 쑥쑥

옳지 않은 것: ①

생각해요

1 (1) 어려워요　(2) 쉬워요
　(3) 높아요　(4) 낮아요
　(5) 어려워요　(6) 쉬워요
2 (1) O　(2) X　(3) X　(4) O　(5) O

단원마무리　소개해요

1 (1) 소득세　(2) 부가가치세　(3) 증여세

PART 3　똑똑한 경제 습관

01 초등학생 경제 교육, 여든까지 간다

문해력 쑥쑥

옳은 것: ③

생각해요

2 (1) 이해력　(2) 경제 교육　(3) 실생활

02 "세뱃돈은 부모님한테?" 이제 NO!

문해력 쑥쑥

옳지 않은 것 고르기: ①

생각해요

2 (1) X　(2) O　(3) X　(4) O

03 티끌 모아 운동화

문해력 쑥쑥

옳지 않은 것 고르기: ④

생각해요

2 (1) 목표　(2) 추상적　(3) 대비　(4) 검소

04 용돈을 똑똑하게 쓰는 법!

문해력 쑥쑥

옳은 것 고르기: ③

생각해요

2 예시 돈과 시간은 희소성을 가지고 있어요. 돈과 시간을 효율적으로 관리하고 사용하기 위해서는 선택을 할 때 기회비용을 생각하는 것이 필요해요.

05 나, 너, 우리에게 도움을 주는 '기부'

문해력 쑥쑥

옳지 않은 것 고르기: ②

생각해요

2

도	매	가	부	표	행	호
개	움	시	격	라	복	기
봉	숙	재	효	용	지	아
두	나	눔	고	연	레	스

도움, 나눔, 효용, 행복

PART 4 생활 속 경제 이야기

01 '못난이'도 잘 팔려요!

문해력 쑥쑥

옳은 것: ④

생각해요

2
농	으	스	위	몰	성	우
서	가	규	보	시	구	품
아	지	적	장	초	차	질
도	이	상	기	후	두	과

농가, 이상 기후, 품질

02 K-푸드, 전 세계에서 주목받다!

문해력 쑥쑥

옳지 않은 것 고르기: ④

생각해요

1 예시

2 예시 K-푸드는 SNS를 통해 해외에서 인기를 얻고 있고, 많은 나라로 **수출**되고 있어요. 그리고 우리 기업들은 **현지화** 전략을 세워 K-푸드가 세계적으로 사랑받을 수 있도록 노력하고 있어요.

03 디저트 가게 열풍의 끝은?

문해력 쑥쑥

옳은 것: ④

생각해요

2 (1) O (2) O (3) X (4) X (5) O

04 시장에 가면~

문해력 쑥쑥

옳은 것 고르기: ③

생각해요

2 (1) 온라인 (2) 주식 (3) 시간, 능력 (4) 환율

05 롤러코스터와 같은 집값의 비밀

문해력 쑥쑥

옳지 않은 것 고르기: ③

생각해요

2 (1) 선호 (2) 매매 (3) 전세 (4) 월세

단원마무리 소개해요

2 (1) 온라인 (2) 주식 (3) 노동
  (4) 외환 (5) 전통 (6) 시장

PART 5 미래 사회와 경제

01 AI와 로봇, 인간의 동료가 될까?

문해력 쑥쑥

옳은 것 고르기: ③

생각해요

2 예시 로봇은 인간과 대화는 물론 감정까지 교류할 수 있을 정도로 발전하고 있어요. 하지만 로봇이 인간의 통제에서 벗어나 위협적인 존재가 되지 않도록 우리는 로봇과 공생하기 위한 준비를 해야 해요.

02 게임, 역대급 미래 유망 산업

문해력 쑥쑥

옳지 않은 것 고르기: ④

생각해요

2

자	관	양	e	랑	페	목
게	임	테	스	터	이	계
하	트	사	포	구	커	현
오	한	세	츠	후	연	경

게임테스터, e스포츠, 페이커

03 현실이 되는 꿈의 자동차

문해력 쑥쑥

옳은 것 고르기: ②

생각해요

2 (1) X   (2) O   (3) X   (4) O

04 서로 다른 우리가 함께 살아가는 대한민국

문해력 쑥쑥

옳지 않은 것 고르기: ②

생각해요

2 (1) 다문화   (2) 이주배경인구
  (3) 이해   (4) 언어

05 기업에 부는 녹색 바람, ESG 경영

문해력 쑥쑥

옳지 않은 것 고르기: ③

생각해요

2 (1) 태양광   (2) 수질
  (3) ESG 경영 (4) 열대

단원마무리 소개해요

1 (1) 기획자   (2) 프로그래머
  (3) 테스터   (4) 아티스트

MEMO

시대에듀에서 만든 도서는 책, 그 이상의 감동입니다.

MEMO

교과서를 넘나드는 초등 어린이 신문 경제

초 판 발 행	2025년 07월 15일 (인쇄 2025년 05월 23일)
발 행 인	박영일
책 임 편 집	이해욱
지 은 이	장원호 · 김혜린
편 집 진 행	이미림 · 백나현 · 박누리별 · 김하연
표 지 디 자 인	김지수
편 집 디 자 인	홍영란 · 김휘주 · 고현준
그 린 이	전성연
발 행 처	(주)시대에듀
출 판 등 록	제 10-1521호
주 소	서울시 마포구 큰우물로 75 [도화동 538 성지 B/D] 9F
전 화	1600-3600
팩 스	02-701-8823
홈 페 이 지	www.sdedu.co.kr
I S B N	979-11-383-8367-7 (74710)
	979-11-383-8364-6 (세트)
정 가	17,000원

※ 이 책은 저작권법의 보호를 받는 저작물이므로 동영상 제작 및 무단전재와 배포를 금합니다.
※ 잘못된 책은 구입하신 서점에서 바꾸어 드립니다.

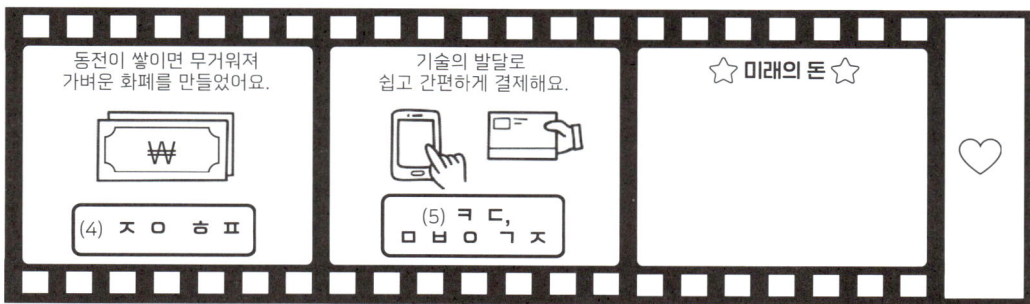

화폐 변화 카메라

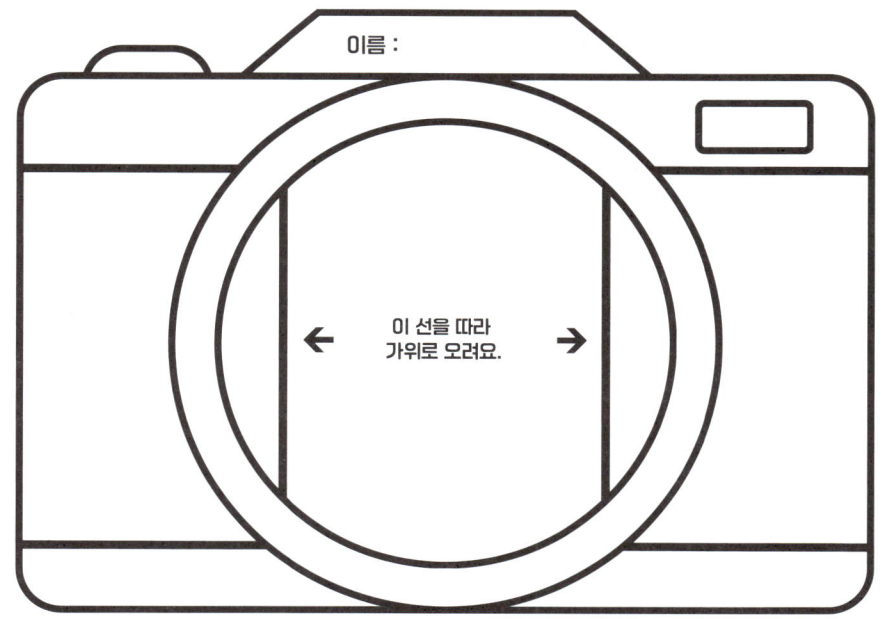

은행은 어떻게 돈을 벌까?

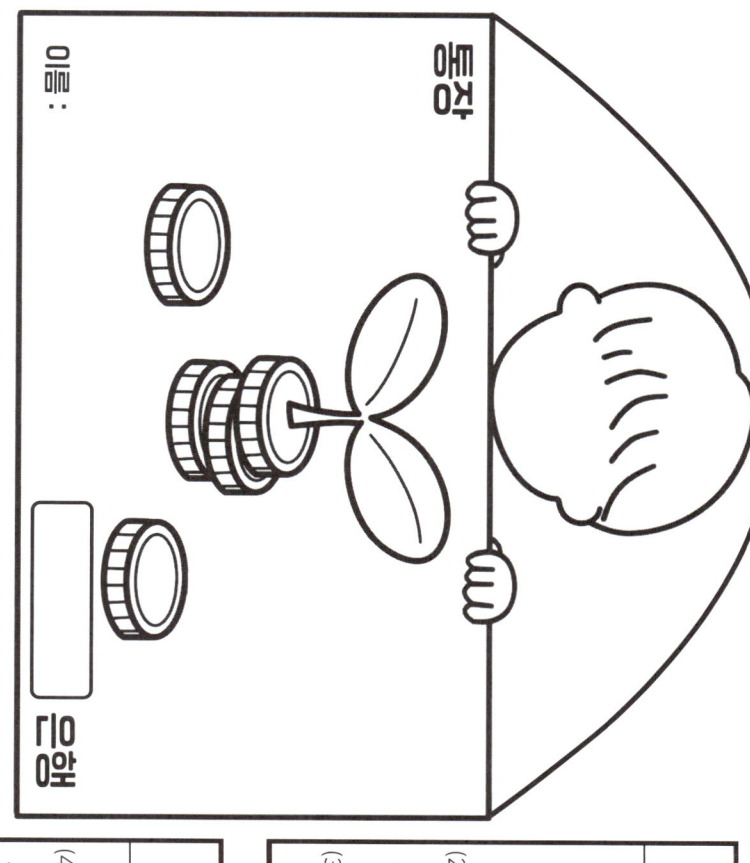

은행 정리책

은행 : 돈이 남는 사람과 필요한 사람을 ㅇ ㄱ ⁽¹⁾ 하는 곳
(2) ㅇ ㄱ : 은행에 돈을 맡김
(3) ㄷ ㅊ : 돈이나 물건을 빌려 주거나 빌림

(4) ㄱ ㄹ : 돈을 맡기거나 빌릴 때 추가로 붙는 돈 또는 그 비율
(5) [?] 보통 예금 금리가 대출 금리보다 더 높다? (O / X)
(6) ㅇ ㄷ ㅁ ㅈ : 은행이 대출 금리와 예금 금리 사이에서 얻는 이익

(1) 오리는 선

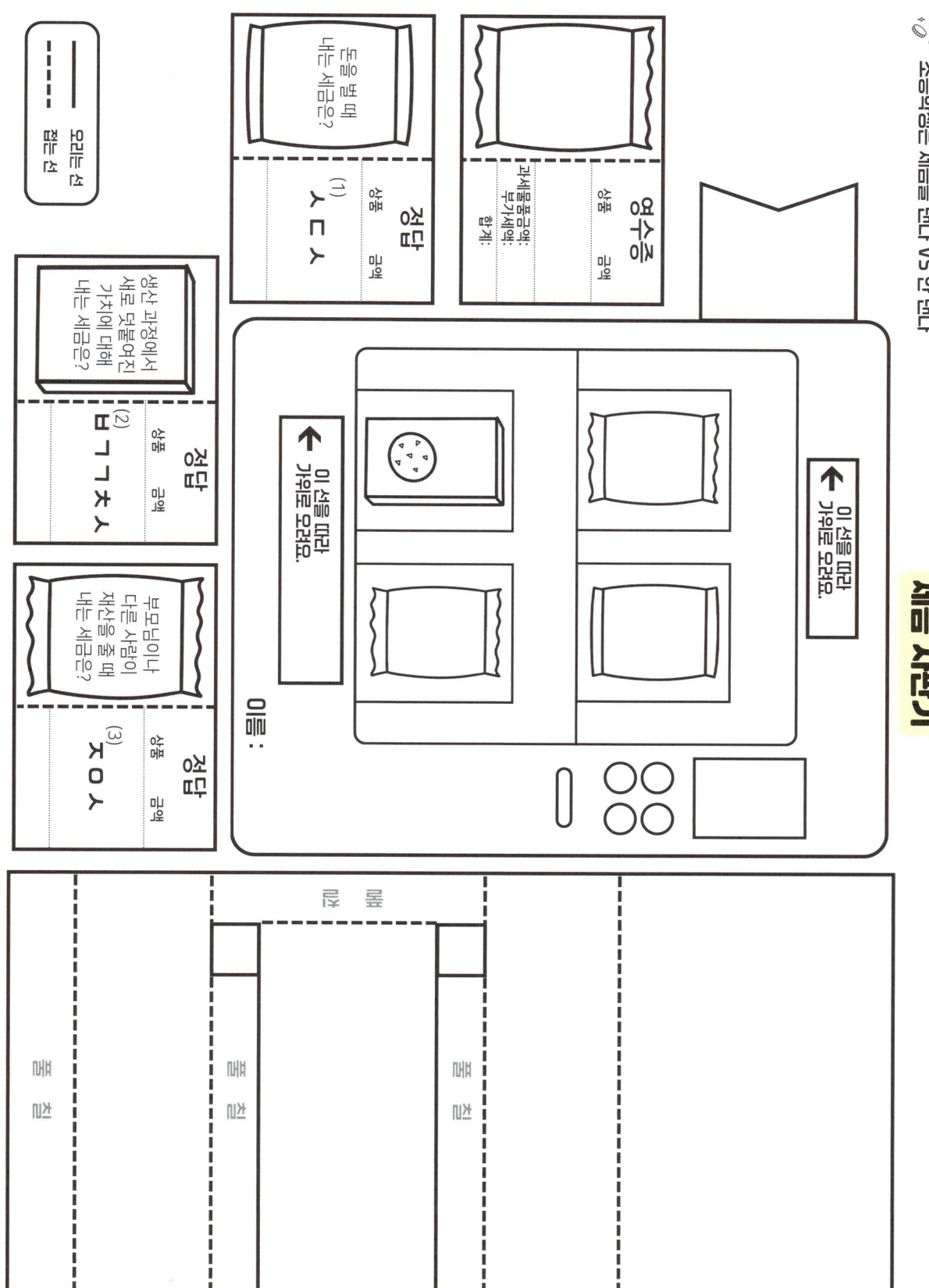

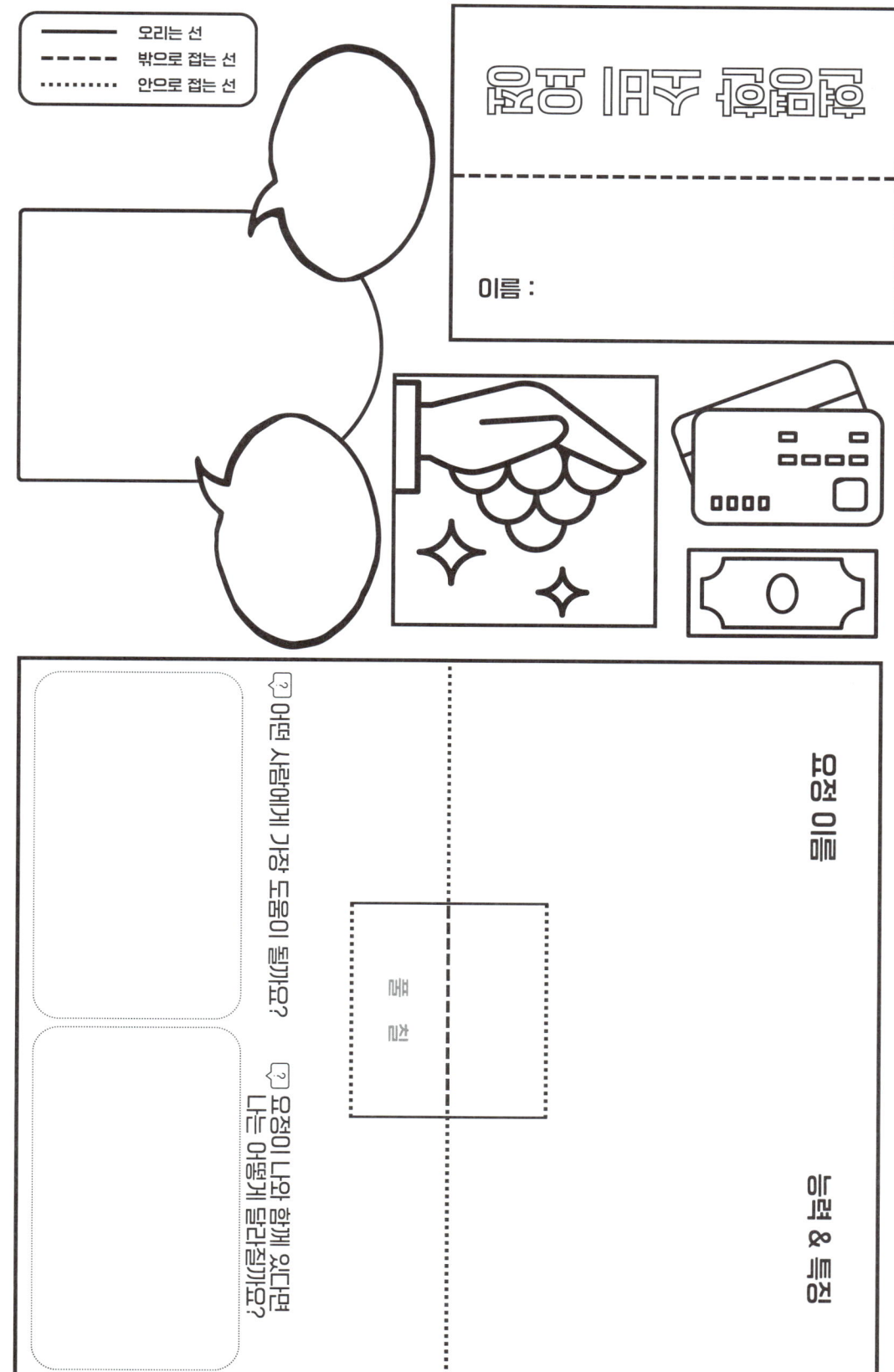

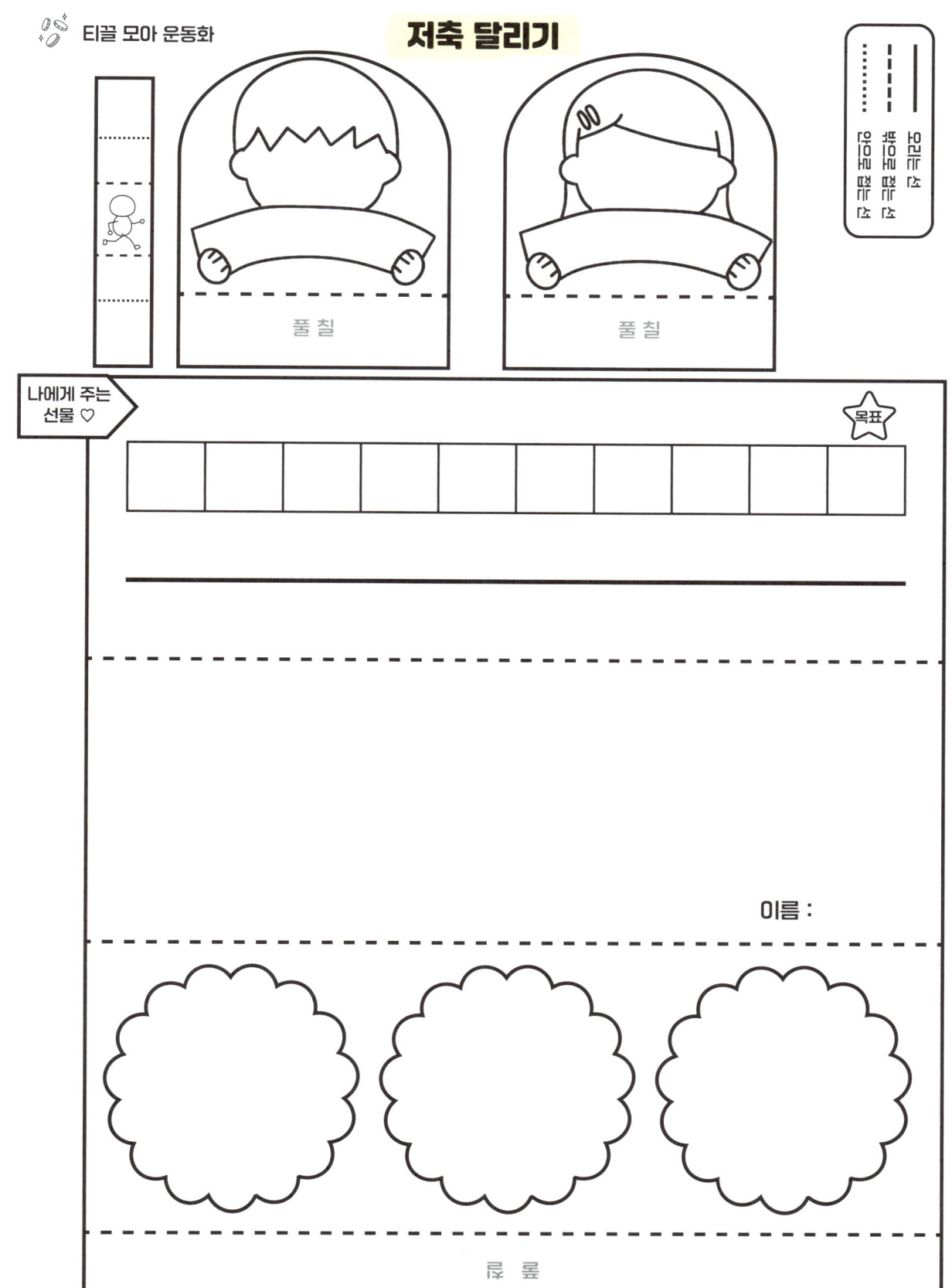

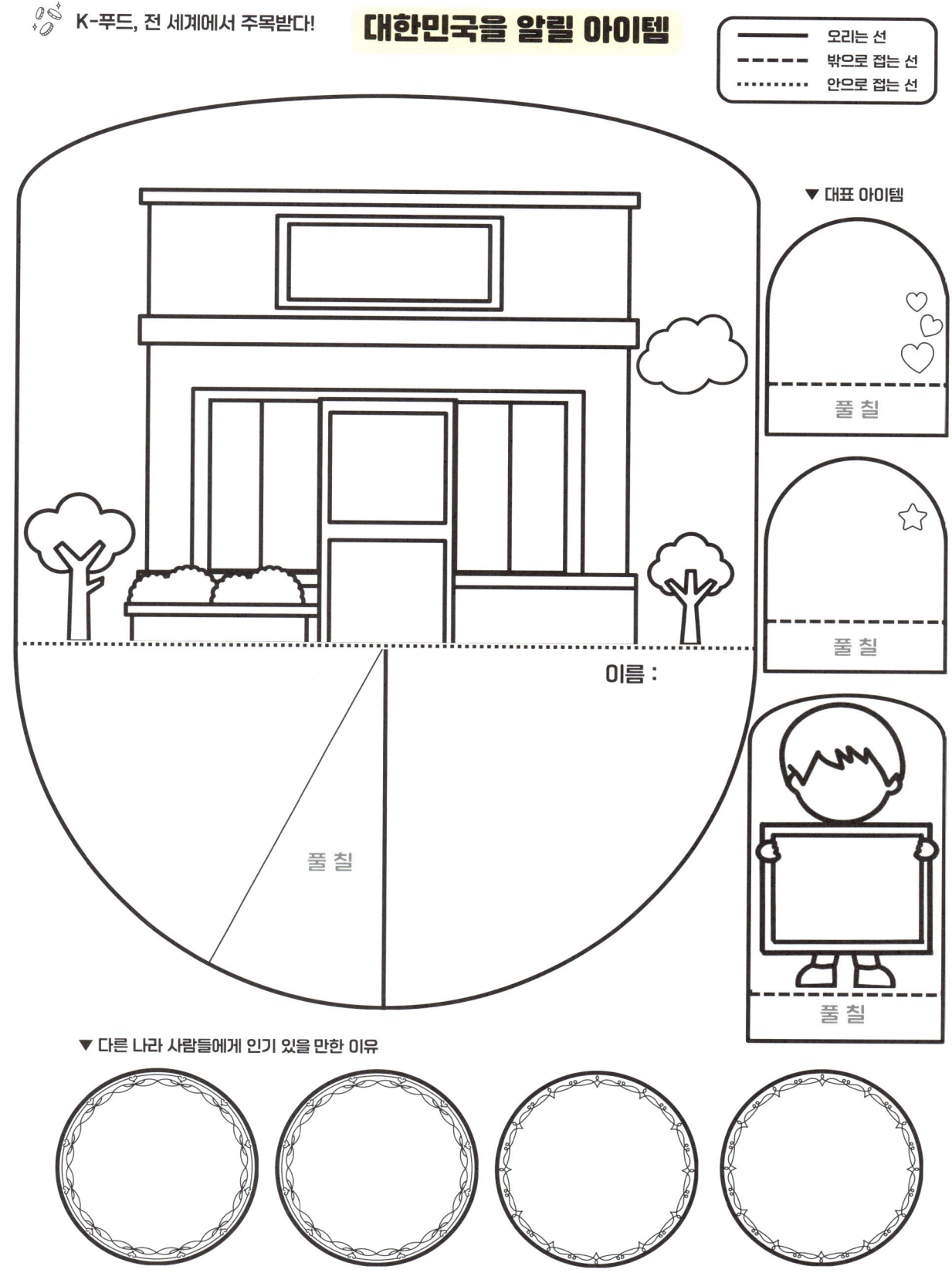

여러 가지 시장 책

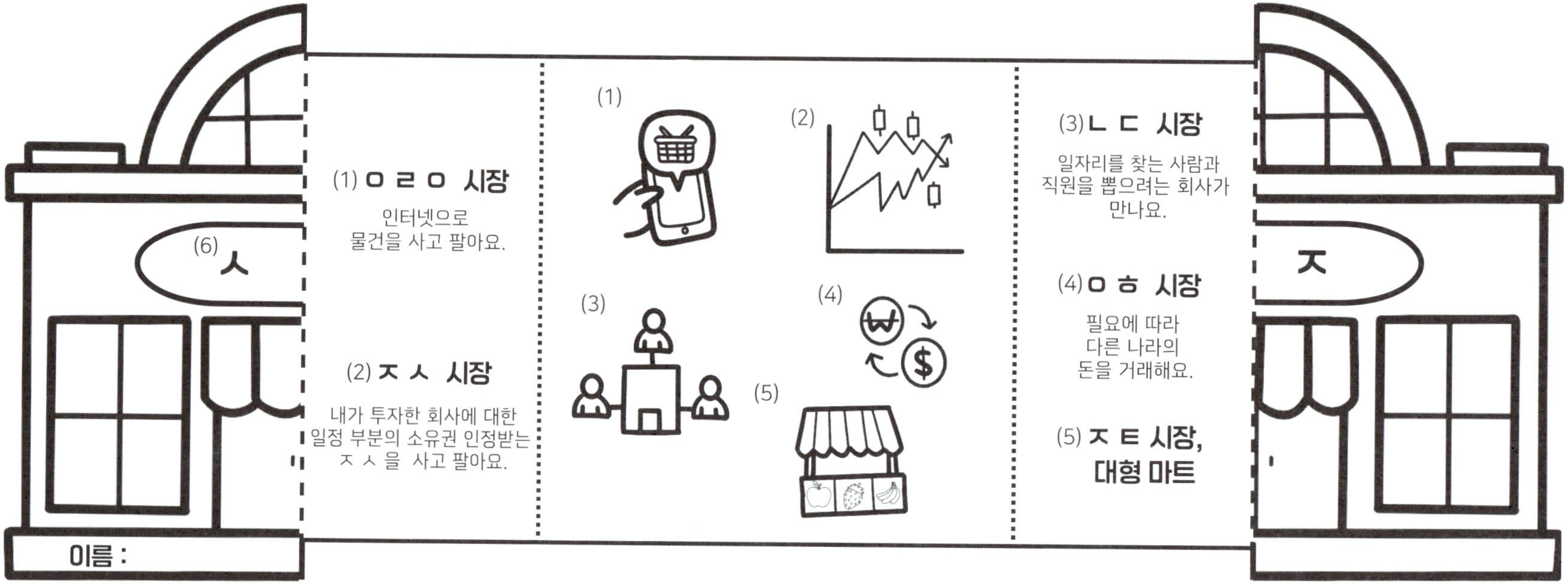

시장에 가면~

―――― 오리는 선
― ― ― 밖으로 접는 선
……… 안으로 접는 선

이름 :

(6) ㅅ

(1) ㅇㅇㅇ 시장
인터넷으로 물건을 사고팔아요.

(2) ㅈㅅ 시장
내가 투자한 회사에 대한 일정 부분의 소유권 인정받는 ㅈㅅ을 사고팔아요.

(3) ㄴㄷ 시장
일자리를 찾는 사람과 직원을 뽑으려는 회사가 만나요.

(4) ㅇㅎ 시장
필요에 따라 다른 나라의 돈을 거래해요.

(5) ㅈㅌ 시장, 대형 마트

ㅈ

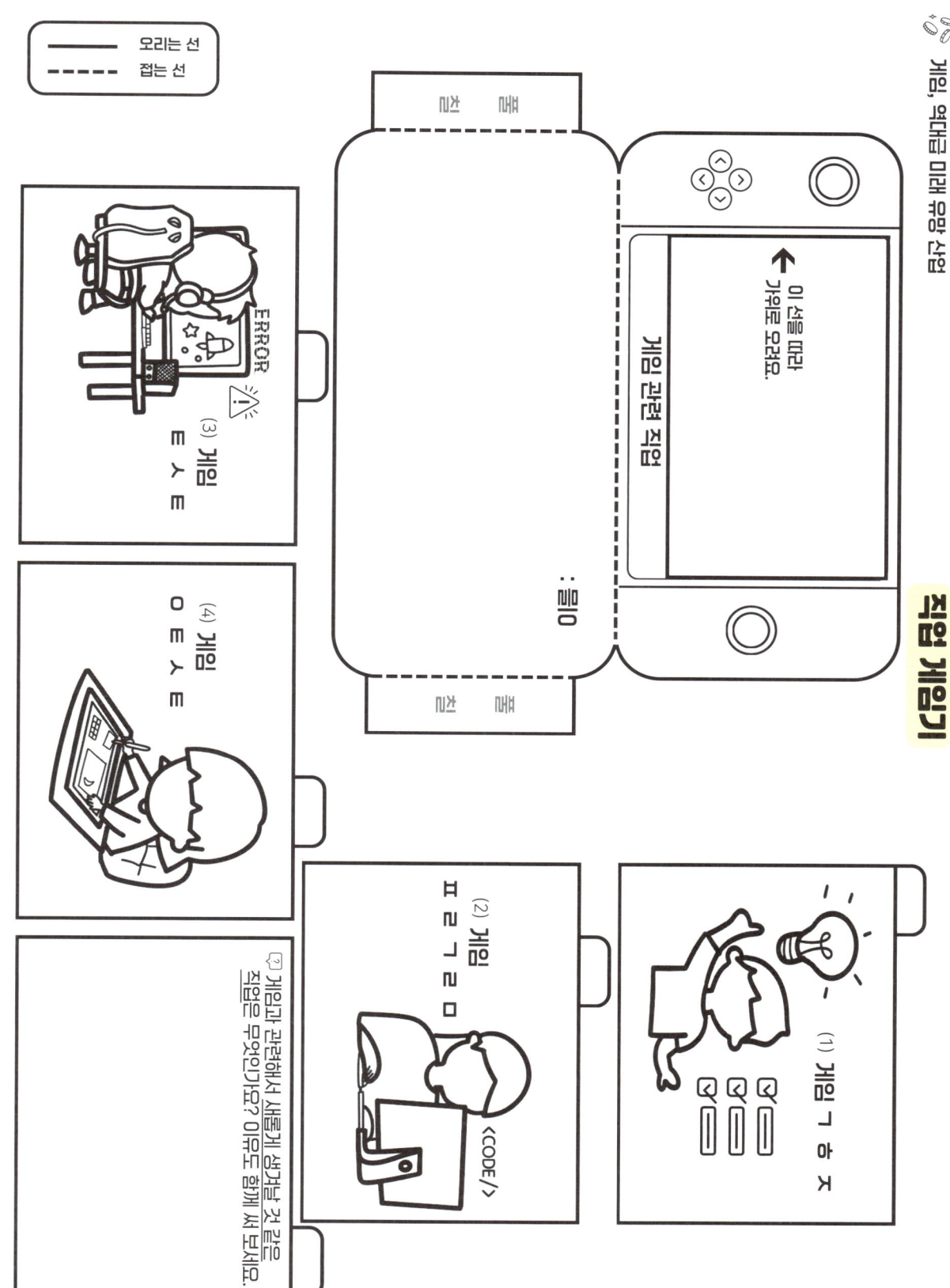

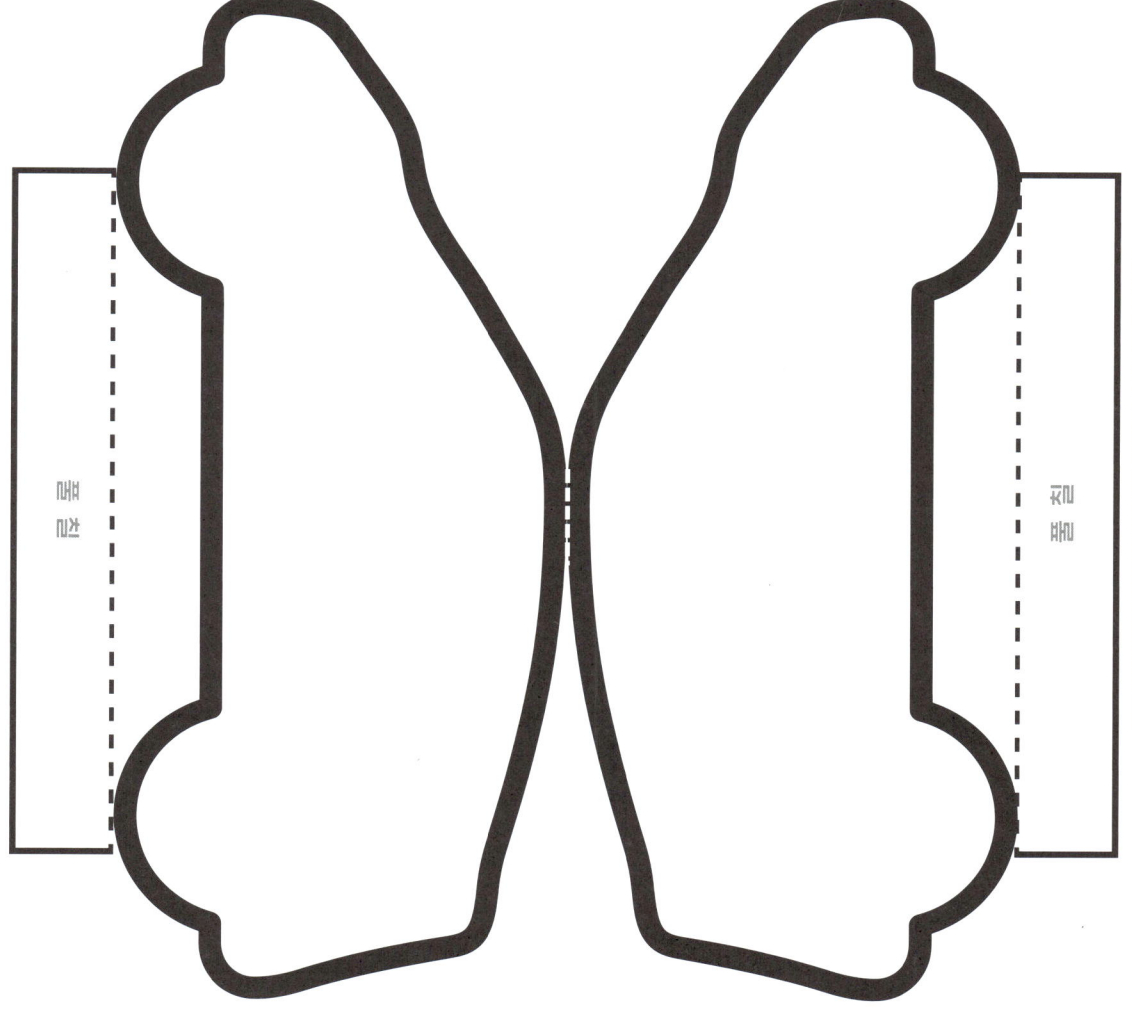

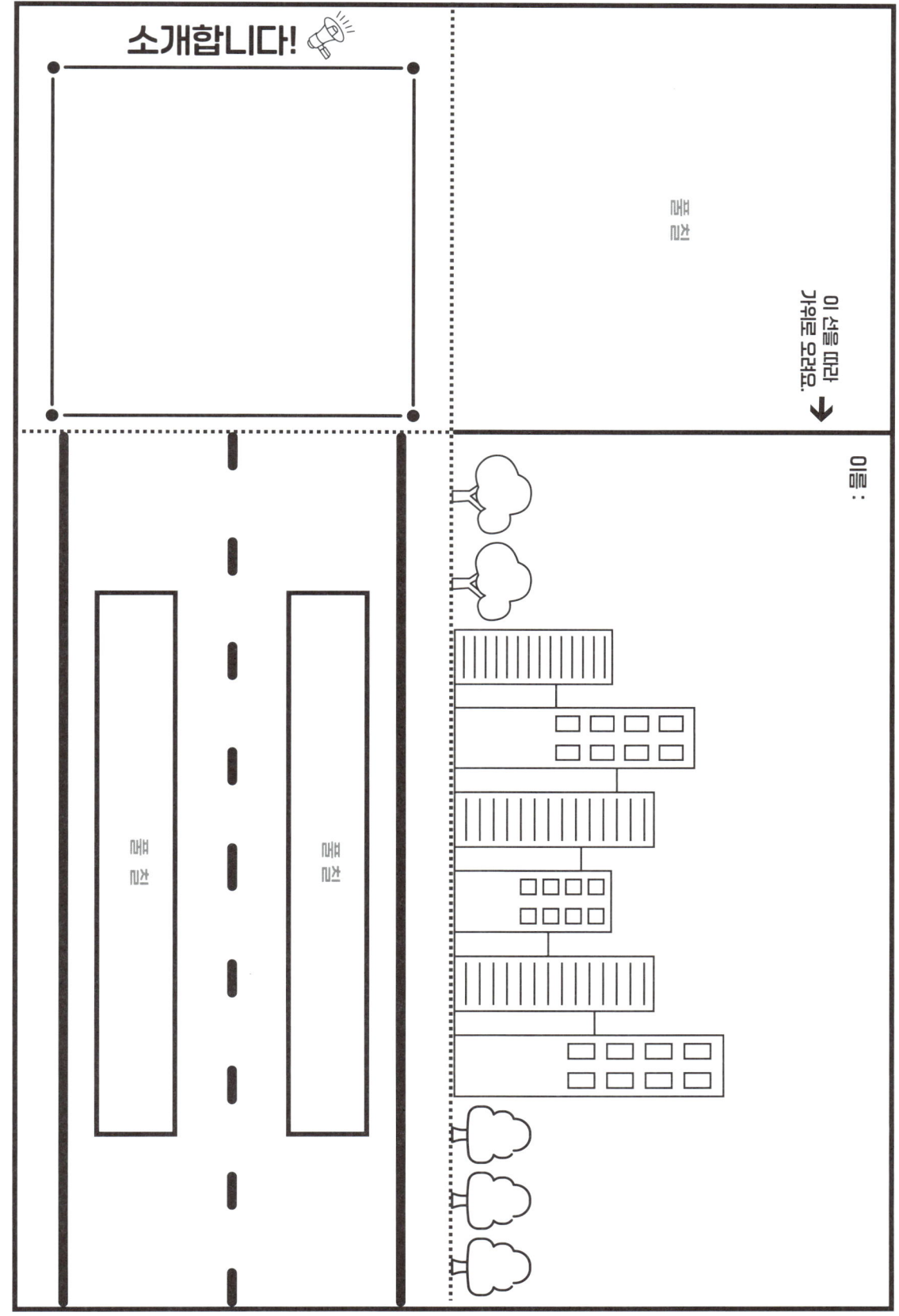